TAEKWONDO

HYONG 1–6

Dieses Buch ist für alle traditionellen Taekwondo-Schüler gedacht.
Das Basiswissen dieses Buches entstammt dem
Young-Ung Taekwondo, einer traditionellen Kampfkunst.

Bildnachweis:
iStockphoto.com: Seite 6, 8, 13, 14, 25, 26, 39, 40, 56, 73, 74, 97, 98
Young-Ung Taekwondo Wien: Cover, alle restlichen Bilder

Impressum:
ISBN: 978-3-7088-0485-9

Lobkowitzplatz 1, A-1010 Wien
www.kneippverlag.com
Autor: Dr. Andreas Held
Korrektorat: Mag. Eva Manhardt
Art Direction/DTP: Werner Weißhappl, plan_w
Cover: Werner Weißhappl, plan_w
Druck: Theiss GmbH
A-9431 St. Stefan
Printed in Austria
1. Auflage, Februar 2010

Dr. Andreas Held

TAEKWONDO

HYONG 1–6

Mit der fernöstlichen Kampfkunst
Körper und Geist in Einklang bringen

Übungsbuch

Inhalt

4 Tan-Gun Hyong

5 Tan-Gun Hyong

6 Tan-Gun Hyong

„Nur wer erlebt,
hat wirklich verstanden“

Erklärungen zum Buchverständnis

1. Beschreibung der Techniken in Wort und Text

a) Zu Beginn jeder Hyong werden die Schrittmuster bzw. Fußstellungen der jeweiligen Hyong dargestellt.

b) Im Anschluss werden die Verteidigungstechniken aufgezählt und – falls diese in einer der vorangegangenen Hyongs noch nicht erklärt wurden – genau erläutert.

c) Danach werden ebenso die Angriffstechniken abgehandelt.

d) Zuletzt werden speziellere neue Techniken (z. B. Befreiungstechniken) bzw. Trefferpunkte ausführlich beschrieben.

Die Beschreibung der Techniken vorweg schafft ein gutes Verständnis der Hyong und ermöglicht es dem Schüler, sich beim Üben der Hyong – mit dem Buch – ganz auf die Bilder und Schrittmuster zu konzentrieren.

2. Bilderklärungen

Die Bilder wurden in der Regel aus Sicht des gegenüberstehenden Lehrers aufgenommen. Bei schlecht ersichtlichen Techniken werden zusätzliche Perspektiven eingefügt.

3. Schrittmuster und Diagramme

Neben jedes Bild wurden Fußdiagramme gesetzt, um dem Schüler, vor allem auch dem fortgeschritteneren Schüler, ein höheres Verstehen der Hyong zu ermöglichen.

Schwarzer Fuß: Momentaner Stand 

Weißer Fuß: Vorhergehender Stand 

Einführung

Taekwondo stammt aus Korea und setzt sich aus den Worten Tae, Kwon und Do zusammen. „Tae" heißt „Fuß" und deutet auf die Fußtechniken wie Springen, Schlagen und Stoßen hin. „Kwon" wird mit „Faust" übersetzt und hängt mit allen Schlägen, Stößen und Abfangbewegungen der Arme und Hände zusammen. Die kurze Übersetzung von „Do" mit „Lebensweg" ist zwar spärlich, allerdings ist „Do" schwer in Worte zu fassen. „Do" steht für die aus der Philosophie des Zen-Buddhismus stammende Idee des traditionellen Taekwondo. Der Begriff Taekwondo entstand erst im Jahre 1955.

General Choi Hong Hi formte aus den neun bekanntesten Kampfkunstformen Koreas das Taekwondo, indem er zusammen mit seinem Team die Quintessenz der jeweiligen Kampfkunst im Taekwondo vereinte.

Traditionelles Taekwondo ist mehr als nur Sport oder Selbstverteidigung. Es ist eine Ausbildung nahezu aller Bewegungsmöglichkeiten des Körpers. Es verbindet Körper und Geist und weckt neben den physischen auch psychische und geistige Ressourcen. Man lernt, seine Gedanken zu beherrschen, sich auf ein Ziel zu konzentrieren, seine Ängste und Schwächen anzunehmen und sie zu überwinden. Tugenden wie Höflichkeit, Hilfsbereitschaft, Rücksicht, Durchhaltevermögen und Toleranz entwickeln sich. Aber auch Dankbarkeit, Achtung und Respekt gegenüber den Mitmenschen, Güte gegenüber den Schwächeren, Mut, aber nicht Übermut etc.

Taekwondo umfasst auch ein Graduierungssystem, das den Schüler motiviert und ihm Anerkennung gibt. Es gibt zehn Schüler-Stufen und neun Meister-Grade. Die Zahl 9 ist nicht nur die höchste einstellige Zahl, sondern steht auch für 3 mal 3. Im Fernen Osten gilt die Zahl 3 als hochgeschätzte Zahl. Multipliziert man die Zahl 3 mit sich selbst erhält man die Zahl 9, die „Höchste der Höchsten".

Auch die jeweiligen Gürtelfarben im Taekwondo haben eine entsprechende Bedeutung und Symbolik. Die Farbe Weiß steht als Symbol der Unwissenheit und Jungfräulichkeit. Weiß ist eine labile Farbe, die sich leicht mit anderen Farben vermischen lässt und daher vom Meister zur richtigen Zeit gefärbt werden kann. Weiß ist die „unbefleckte Farbe", ihr Träger steht am Anfang des Weges. Gelb charakterisiert den Erdboden, also den ursprünglichen Anfang, auf dem alles Folgende wächst. Der diese Farbe tragende Schüler hat schon Stand gefasst und steht auf seinen eigenen Füßen. Er ist empfänglich für den Samen, der nun gesät werden kann. Grün ist die Farbe der Natur und des Lebens. Im Schüler beginnt es symbolisch zu „sprießen" und die ersten Erträge können geerntet werden. Der blaue Gürtelgrad stellt die Farbe des Himmels dar, also das Erreichen einer gewissen Grenze, was nun zu Höherem befähigt. Der Schüler hat sich mittlerweile einen guten Überblick über das Taekwondo erarbeitet. Rot steht für die Gefahr und ist die Farbe des Feuers. Sie bedeutet: „Achtung, hier entsteht etwas Bedeutendes." Die Graduierungsfarbe Schwarz ist Farbe des Meistergrades. Diese Farbe lässt sich mit keiner anderen mehr mischen. Was einmal schwarz geworden ist, bleibt schwarz. „Es ist die Farbe, die alle anderen in sich einschließt und stärker ist als alle anderen". Schwarz steht für einen Neuanfang auf einer höheren Ebene, denn ein „frischer" Schwarzgurt ist Weißgurt der Meisterstufe.

Harmonie von Körper und Geist

Nach koreanischer Gesundheitslehre besteht eine enge Beziehung zwischen unseren Händen, Füßen und Organen. Durch die Bewegung von Händen und Füßen übt man einen positiven Einfluss auf die Organe aus. Dadurch wird dem Körper zu Gesundheit verholfen. Taekwondo lehrt die geistigen und körperlichen Kräfte sinnvoll einzusetzen und Körper und Geist in Harmonie zu bringen. Mehr denn je sind wir mit Dingen konfrontiert, die sich belastend auf unseren Organismus auswirken können. Sorgen belasten den Geist und schwächen den Körper. In der Folge können sich Krankheiten bilden. Deshalb ist es notwendig, sich hin und wieder vollständig zu neutralisieren. Dies jedoch bedarf einer guten Beziehung zwischen Körper und Geist. Richtiges Atmen, richtige Ernährung, gesunde Bewegung (wie z. B. Taekwondo) und eine positive Einstellung zum Leben sind die wichtigsten Grundvoraussetzungen.

Das Lehrsystem setzt sich aus mehreren Elementen zusammen. Die Gesundheitsgymnastik und die Mischung alter und moderner Atemtechniken sind ein Element. Die spezielle rücken- und gelenksaufbauende Gymnastik massiert zusätzlich auch die inneren Organe. Freikampf ohne Körperkontakt sowie Messer- und Stockkampf für Fortgeschrittene dienen zur Stärkung der Entscheidungskraft, den Gegner einzuschätzen und zum richtigen Zeitpunkt die passende Abwehr- oder Angriffstechnik zu finden und diese auch anzuwenden. Der Bruchtest (meist Hölzer oder Ziegelsteine) dient zur Stärkung der Willenskraft. Er baut das Durchhaltevermögen auf und übt uns in der Konsequenz, ein Ziel nicht nur ins Auge zu fassen, sondern es auch zu erreichen. Die in diesem Buch behandelte Hyong-Form dient zur Steigerung der Konzentration. Ständiges Wiederholen vorgegebener Bewegungsabläufe schult den Geist, sich über den Körper zu verwirklichen.

Geschichte der Hyong

Im traditionellen Taekwondo gibt es mittlerweile 25 Hyongs. Eigentlich waren zunächst 20 Hyongs von den schlauesten und erfahrensten koreanischen Kampfkunst-Experten kreiert worden, allen voran General Choi Hong Hi. Fertig und vervollkommnet waren die ersten 20 Hyongs im Jahre 1955. Die Techniken selbst sind schon mehr als 2000 Jahre alt und setzen sich aus den damals neun besten koreanischen Kampfkünsten sowie dem japanischen Karate und dem chinesischen Kung Fu zusammen. Die Techniken der Hyongs sind die Basis des traditionellen Taekwondo. Erst einige Jahre später entwickelten General Hi und ein Expertenteam vier weitere Hyongs, um der Philosophie entsprechend so viele Hyongs zu haben, wie der Tag Stunden hat. Dabei wurden extra neue Bewegungselemente dazugenommen, die in den anderen Hyongs nicht annähernd vorhanden sind. Allerdings obliegt dieses „geheime" Wissen der „letzten Hyongs" nur einem geringen Anteil von Großmeistern im traditionellen Taekwondo. Aufgrund eines politischen Umstandes ließ dann General Hi eine Hyong ersetzen.

Die Hyongs sind die ursprünglichsten aller Taekwondo-Formen. Sogenannte Poomsen wurden erst später aus den Hyongs entwickelt und stellen eine für den Wettkampf leicht vereinfachte Form der Hyongs dar. Insgesamt gibt es 17 Poomsen.

Einführung Hyong

Eine längere, fließende Kombination von genau festgelegten Bewegungen nennt man im traditionellen Taekwondo Hyong (Formenlauf). Diese Formen sind, neben dem kämpferischen Aspekt, einem Tanz vergleichbar, bei dem man sich zur Melodie und dem Rhythmus der eigenen inneren Stimme bewegt. Durch unbewusste unnatürliche Haltung und ungesundes Leben verlieren viele Menschen (Jung und Alt) in der heutigen Zeit die harmonische, natürliche Beweglichkeit zu einem großen Teil. Auch das Wahrnehmen der inneren Stimme und die natürliche Bewegung nach dieser Stimme gehen immer mehr verloren.

Die Hyong ist wie ein Spiegel, der uns den Zustand des Körpers und der Seele deutlich vor Augen führt. Eine Hyong ist keine bloße Aneinanderreihung von bestimmten Techniken, sondern eine organische Einheit, die leben, atmen und fließen muss. Eine Form lebt nur dann, wenn die auszuführenden Bewegungen und das Chi (die Lebensenergie) harmonisch zueinanderstehen. Sobald das Chi fließt, fließt auch die Form und umgekehrt. Solange die Bewegungen harmonisch miteinander verbunden werden, kann das Chi ungestört fließen. Sind die Bewegungen aber unkonzentriert und abgehackt, so ist auch der Fluss der Lebensenergie unterbrochen. Wird der Körper nicht bewegt, stagniert altes Chi im Körper und man wird müde und träge. Auch Wasser verliert nach und nach an Energie und vergiftet sich selbst, wenn es nicht fließen kann.

Der Sinn einer Hyong liegt im Einüben umfangreicher Bewegungsabläufe, welche Konzentration, körperliches Gleichgewicht, richtige Atmung, Bewegungsrhythmus und richtige Spannungsintervalle

des Körpers fördern sollen. Ebenso ist der meditative Aspekt nicht zu unterschätzen. In der Form setzt sich der Ausübende mit den Angriffen eines bzw. mehrerer imaginärer, also nicht wirklich existierender, Gegner, auseinander. Der Übende muss jede Bewegung in realistischer Weise ausführen. Eine präzise ausgeführte Hyong endet an dem Punkt, an dem sie begonnen wurde. Saubere technische Ausführung, fließende, kraftvolle Bewegungen und dynamische Darbietung sind äußere Merkmale einer korrekten Hyong-Übung. Das Beherrschen der verschiedenen Techniken ist bei einer Hyong wohl wichtig, aber es reicht nicht aus, nur an der äußeren Form zu arbeiten. Jede äußere Form muß auch einen klaren, festen inneren Kern haben, da sie sonst zu starr oder instabil wird. Ein Schüler, der die Hyong praktiziert, sollte innerlich klar und sicher sein, um sich äußerlich fließend, aber doch kontrolliert und kraftvoll zu bewegen.

Durch geduldiges Üben können die inneren und äußeren Bewegungen fließender, weicher und zugleich kraftvoller und stabiler werden. Ein Hyong-Lauf wird erst dann lebendig, wenn er von „innen heraus" gelaufen wird. Auch wenn die äußerlichen Bewegungen noch nicht so perfekt sind, wirkt eine Form sehr ästhetisch, sobald sich aufrichtiges Bemühen, Mut und Lebensfreude in ihr wiederspiegelt. Von Stufe zu Stufe steigt der Schwierigkeitsgrad der Hyongs und verlangt, aber fördert auch immer größere Übersicht und tieferes Einfühlungsvermögen des Übenden. Je öfter eine Hyong geübt wird, desto besser wird der äußerliche Ablauf verinnerlicht und die Aufmerksamkeit nach innen gerichtet. So lernt man auch, den Klang der inneren Stimme wieder wahrzunehmen und sich danach zubewegen, bis man – philosophisch betrachtet – merkt, dass man selbst nur ein kleiner Ton in der großen Symphonie des Universums ist.

Warum gibt es 24 Hyongs?

Sein ganzes Leben lang lernt der Mensch und sammelt Erfahrungen. Jedoch ist die Lebensspanne jedes einzelnen Menschen, im Vergleich zur Ewigkeit, nur so kurz wie ein Tag. Die Zahl 24 soll vierundzwanzig Stunden symbolisieren, einen Tag bzw. ein ganzes Menschenleben. Der Name einer jeden Hyong, die Anzahl ihrer Bewegungen sowie das Schrittdiagramm stehen symbolisch für koreanische Heldenfiguren oder Ereignisse aus der koreanischen Geschichte. Da die Formen aufeinander aufbauen, sollte ihre Reihenfolge nicht geändert werden.

Dieses Buch beschäftigt sich mit den ersten sechs Hyongs. Diese Hyongs sind zentraler Bestandteil eines jeden Anfängertrainings im traditionellen Taekwondo.

1 Chon-Ji Hyong

Zur ersten Hyong:

Die erste Hyong ist etwas ganz Besonderes für den Anfänger und hat einen sehr zentralen Stellenwert für das Fortschreiten des Schülers.

Das Diagramm

Die Hyong ist hierbei unter drei Aspekten zu betrachten:

1. Als Bewegungskunst

Diese Hyong ist sehr einfach aufgebaut. Aber gerade deshalb ist sie aufgrund der ähnlichen Elemente für den weniger körperbewussten Anfänger schwerer zu erlernen als die folgenden Hyongs. Außerdem bedeutet es für viele Schüler auch überhaupt den ersten Kontakt mit einer Körper-Geist-Bewegung. Jede Bewegungssequenz dieser Hyong setzt sich aus einem Schritt mit einer Blockbewegung und einem Schritt mit einer Angriffsbewegung zusammen. Die erste Bewegungssequenz geht 90° nach links, dann folgen 180° nach rechts, dann wieder 90° nach links, 180° nach rechts usw. – insgesamt also acht Richtungswechsel. Dabei wird zunächst viermal unten geblockt und mit Fauststoß angegriffen und anschließend viermal mittig geblockt und mit Fauststoß angegriffen. Diese Art der Drehung – zweimal in alle vier Himmelsrichtungen – skaliert bzw. eicht die Zellen des Körpers wie einen Kompass. D. h. nach der ersten Hyong sind die Zellen ausgerichtet und man hat einen besseren Orientierungssinn geschaffen. Durch die jeweils seitenverkehrten Ausholbewegungen regt man das Corpus Callosum (Verbindungsbrücke zwischen der rechten und linken Gehirnhälfte) an, damit sich die beiden Gehirnhälften synchronisieren. Da die linke Hirnhälfte für den Verstand zuständig ist und die rechte Hirnhälfte für die Intuition, Kreativität bzw. das Gefühl, kann man folgende Aussage wagen: „Taekwondo verbindet Verstand und Gefühl."

2. Als Selbstverteidigung

Die erste Bewegung in die jeweilige neue Richtung ist eine Verteidigungsbewegung, welcher unmittelbar eine Angriffstechnik folgt. Die Ausholbewegung zu einem der beiden Blocktechniken ist auch eine Schutzhaltung des Solarplexus bzw. bietet einen potenziellen Schutz von Gesicht und Hals. Bei der Ausführung der Hyong ist vor allem beim Anfänger die Präzision sehr wichtig. Kraft und Automatisierung der Bewegung erfolgen erst durch die Übung. Durch präzise Ausführung – kombiniert mit Kraft – entwickelt sich ein gefährliches Angriffs- und Verteidigungswerkzeug.

3. Als Symbol

Der Block nach unten steht für den Himmel (also den Gegensatz für unten) und der Block nach oben steht für die Erde (als Gegensatz für oben). In der asiatischen Naturheilkunde gelten die Hände als Yang (= Himmel = „Chon") und die Füße als Yin (= Erde = „Ji" = „Chi"). Durch gleichmäßiges Bewegen von Händen und Füßen kann man Himmel und Erde (symbolisch für Geist und Körper) ins Gleichgewicht bringen.

Kurzbeschreibung:

„Chon-Ji" heißt also grob übersetzt „Himmel und Erde" und bedeutet symbolisch „die Erschaffung der Welt" bzw. „Beginn der Menschheit". Deswegen wird diese Hyong als erste vom Schüler gelernt, da er auch noch am Anfang seiner Entwicklung im traditionellen Taekwondo steht. Diese Hyong umfasst 19 Bewegungen, wobei die ersten Bewegungsfolgen für die Erde und die zweiten für den Himmel stehen.

Stellungen

1. Moa Sogi

Gewicht: 50 % beide

2. Narani Chunbi Sogi

Gewicht: 50 % beide

3. Chongul Sogi

Gewicht: 70 % vorne

4. Hugul Sogi

Gewicht: 70 % hinten

Verteidigung

Aushol- + Zwischenphase

Endphase

Aushol- + Zwischenphase

Endphase

1. Tiefblock (4 x)
Hadan Pakkat Palmok Paro Makki in Chongul Sogi

Aushol- und Zwischenphase:

Blockarm wird von oben ausgeholt (die Ausholbewegung kann bis hinter das Ohr erfolgen), die überkreuzten Arme dienen als Schutz.

Endphase:

Der Blockarm ist leicht abgewinkelt wegen der Gefahr der Ellbogenüberstreckung und befindet sich über dem Knie, die Gegenbewegung dient zur Kraftsteigerung (hier als Ellbogenstoß zurückgeführt zum Gürtel) und basiert auf dem 3. Newtonschen Gesetz (Aktion = Reaktion), der Kopf ist oben, beide Schultern sind nach vorne gerichtet.

2. Halbhoher Block (4 x)
Chungdan An Palmok Yop Makki in Hugul Sogi

Aushol- und Zwischenphase:

Blockarm wird von unten ausgeholt. Die überkreuzten Arme dienen als Schutz.

Endphase:

Der Blockarm ist im Ellbogengelenk 90° abgewinkelt. Für den Gegner ist die hintere Schulter nicht sichtbar. Die Gegenbewegung dient zur Kraftsteigerung (hier als Ellbogenstoß zurückgeführt zum Gürtel) und basiert ebenso auf dem 3. Newtonsche Gesetz (Aktion = Reaktion). Die Blockhand befindet sich auf Augenhöhe.

Angriff

Fauststoß

Solarplexus

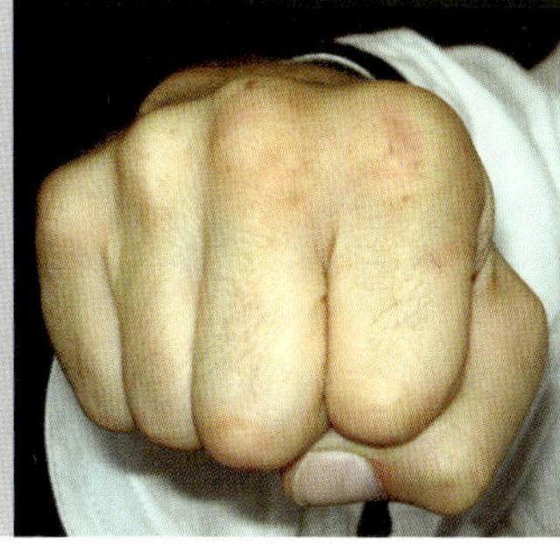
Faust Ansicht vorne

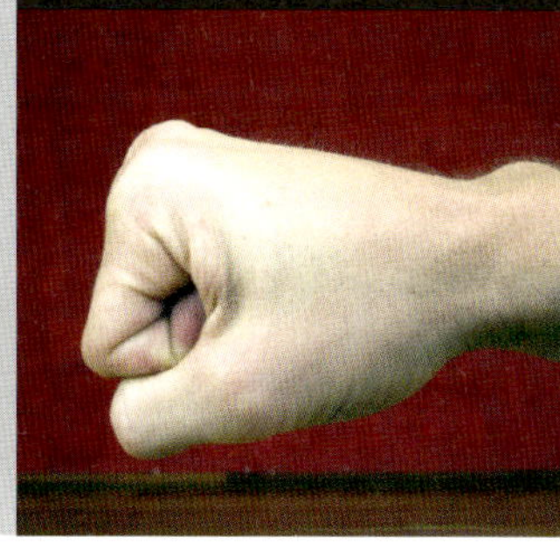
Faust Ansicht seitlich

1. Fauststoß mit Angriffshöhe Solarplexus (11 x)
Chundan Paro Chirugi in Chongul Sogi

Der Angriff trifft in Höhe des Solarplexus.

Auch hier findet, wie schon bei den 2 Blocktechniken beschrieben, eine Gegenbewegung (Ellbogenstoß) statt. Das Handgelenk sollte gerade sein (sowohl an der Kleinfingerseite als auch an der Ober- und Unterseite der Hand). Trefferflächen sind ausschliesslich die Knöchel der Grundgelenke von Zeige- und Mittelfingerknöchel, da es sonst zu Knochenbrüchen in der Mittelhand kommen kann. Sehr gefährdet ist hierbei das Erbsenbein (ein Mittelhandknochen).

2. Solarplexus

Am Solarplexus laufen, energetisch betrachtet, die Hauptenergie-Kanäle zusammen. Es vereinigen sich dort mehrere Nervenbahnen zu einem sogenannten Nervengeflecht. Auch der Mageneingang befindet sich an dieser Stelle.

Der Solarplexus kann nicht abgehärtet werden. Bei einem entsprechend präzisen Angriff auf diese Stelle ist der Gegner, egal wie durchtrainiert, für mehrere Minuten außer Gefecht gesetzt. Dieser Angriff ist nicht tödlich.

Vorbereitung

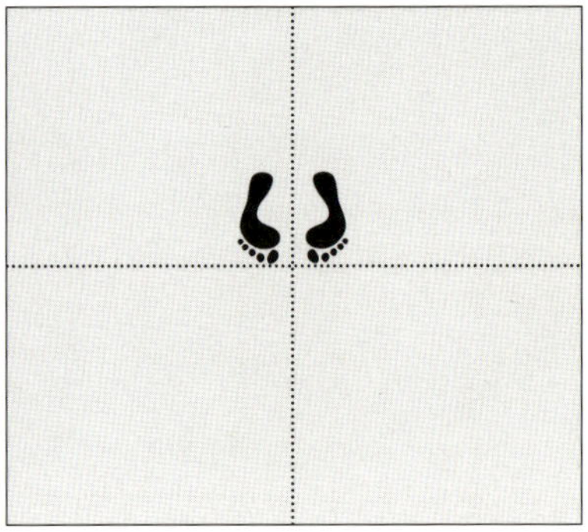

Zwischenbewegung

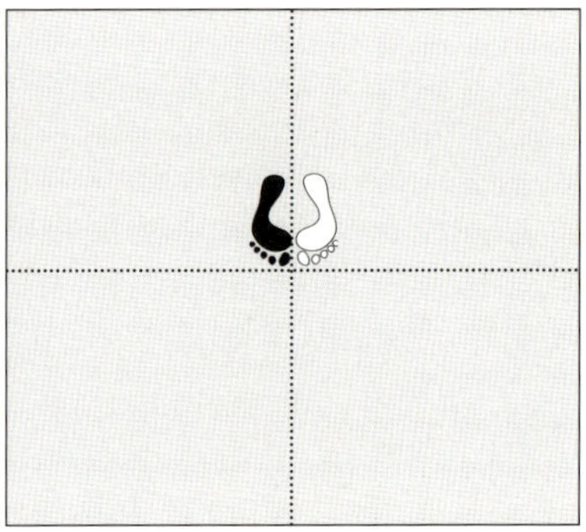

Ausgangsstellung

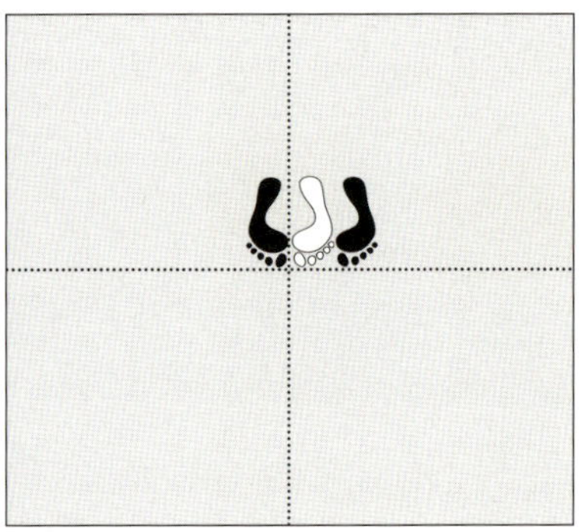

Zwischenbewegung

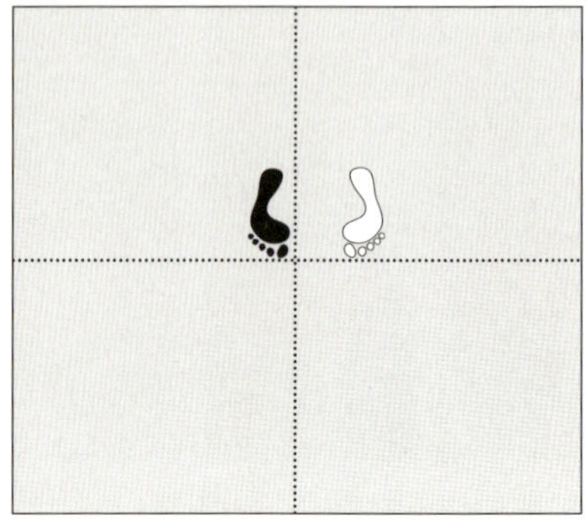

1. Bewegung

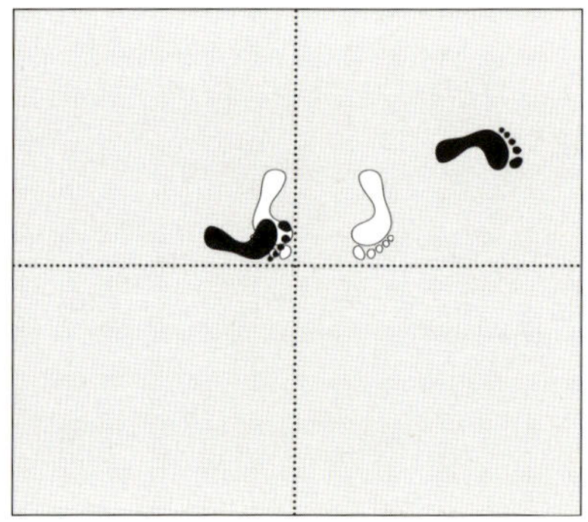

Zwischenbewegung

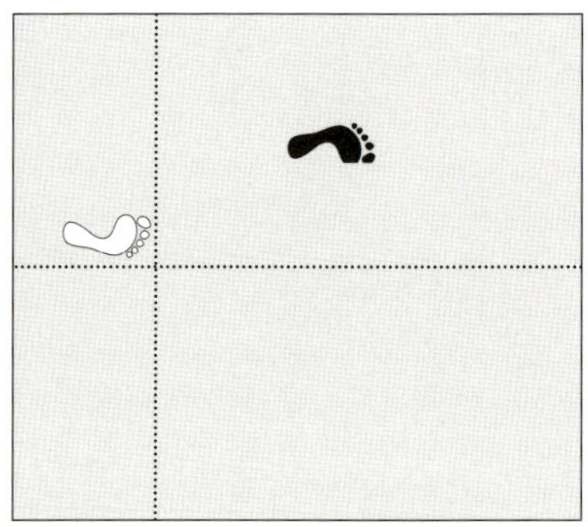

2. Bewegung

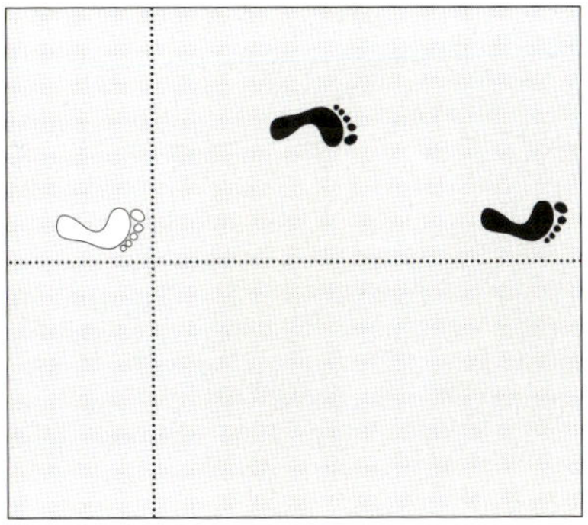

Zwischenbewegung

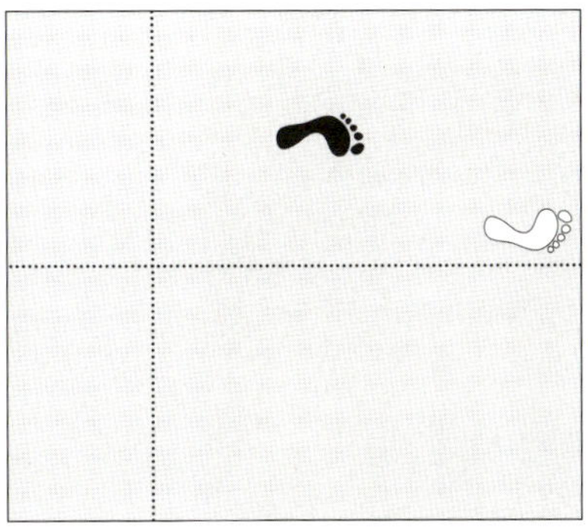

3. Bewegung

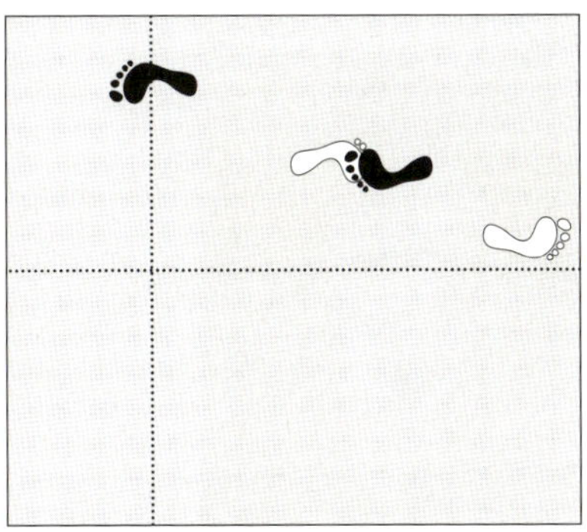

Zwischenbewegung

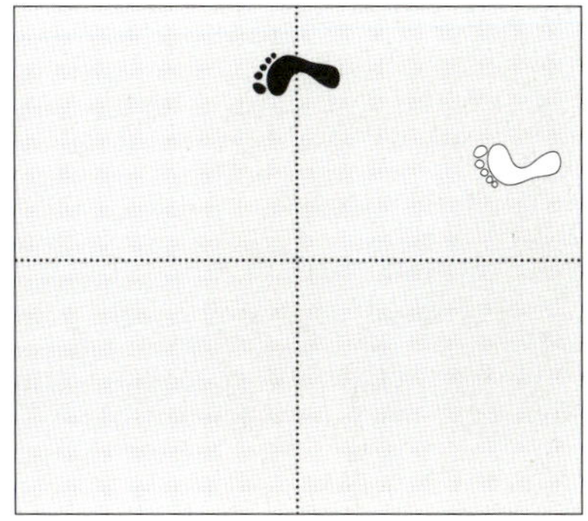

4. Bewegung

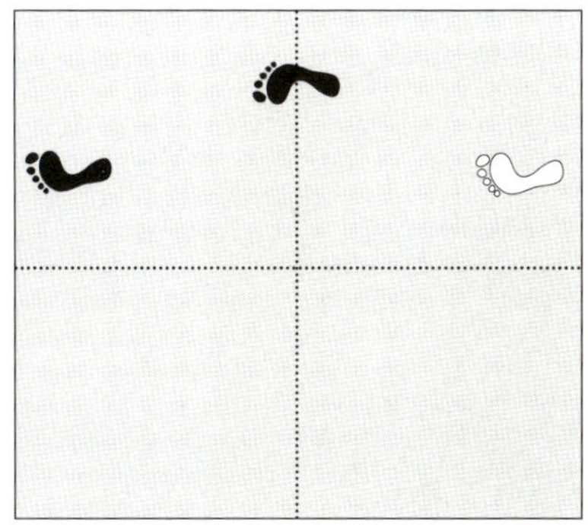

Zwischenbewegung

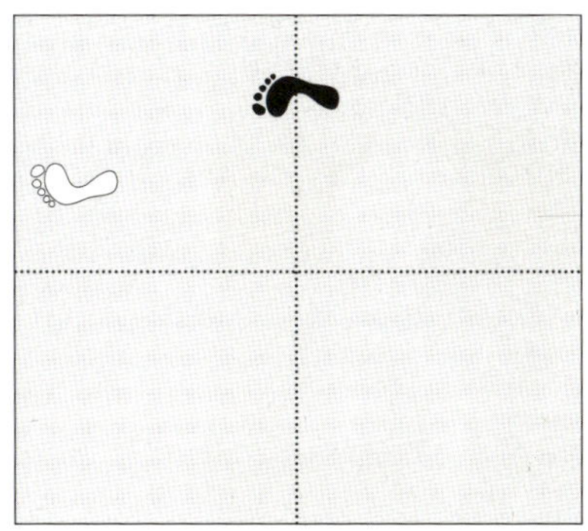

5. Bewegung

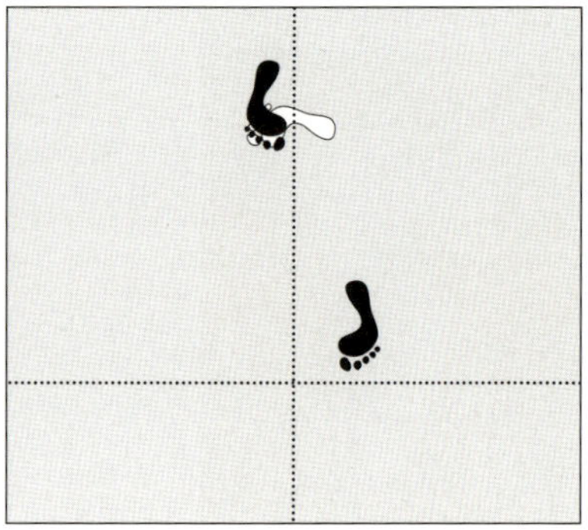

Zwischenbewegung

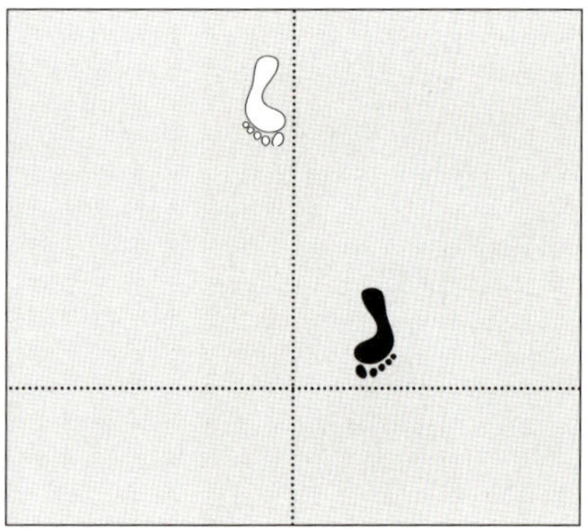

6. Bewegung

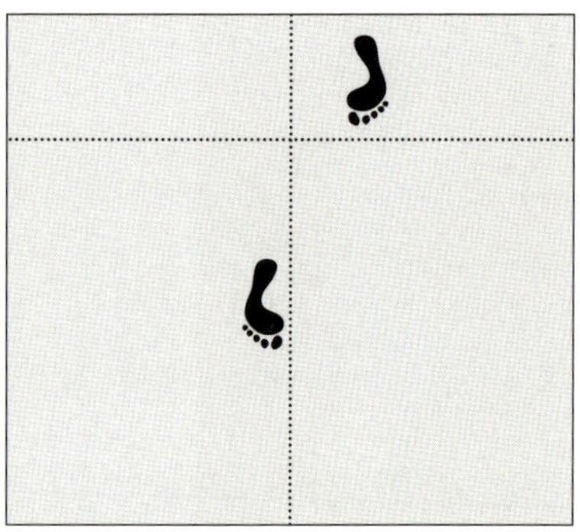

Zwischenbewegung

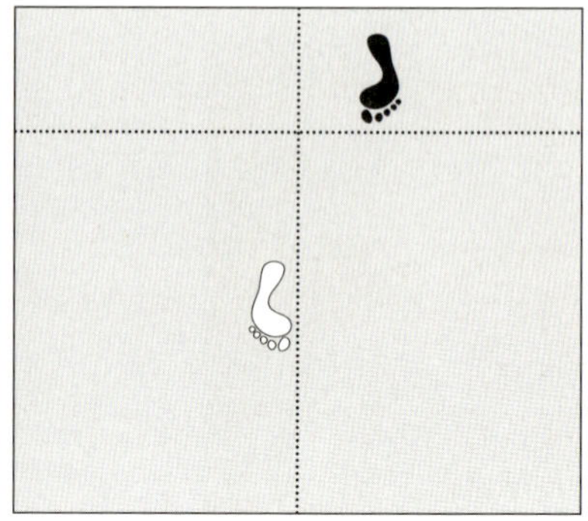

7. Bewegung

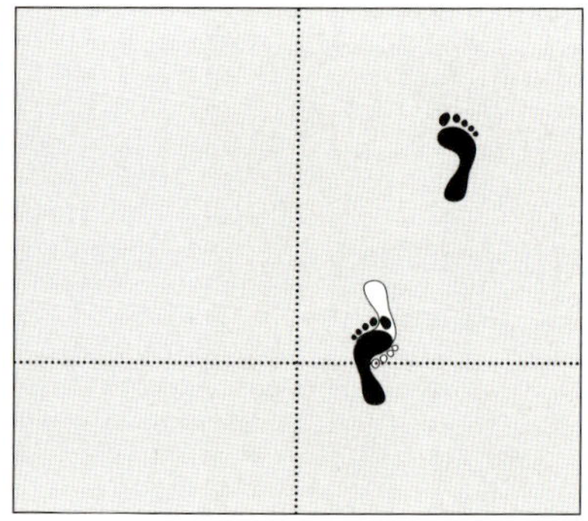

Zwischenbewegung

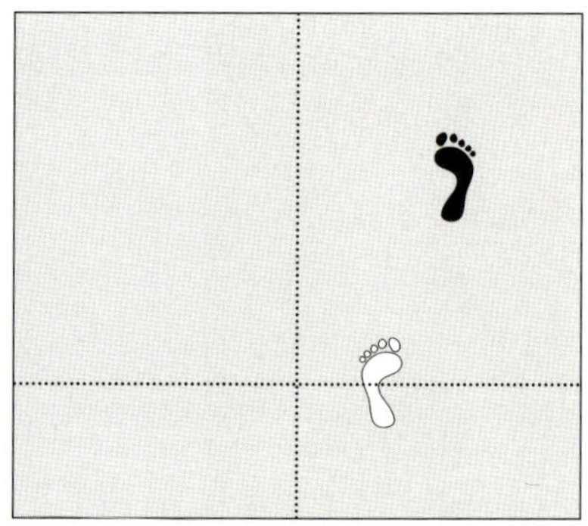

8. Bewegung

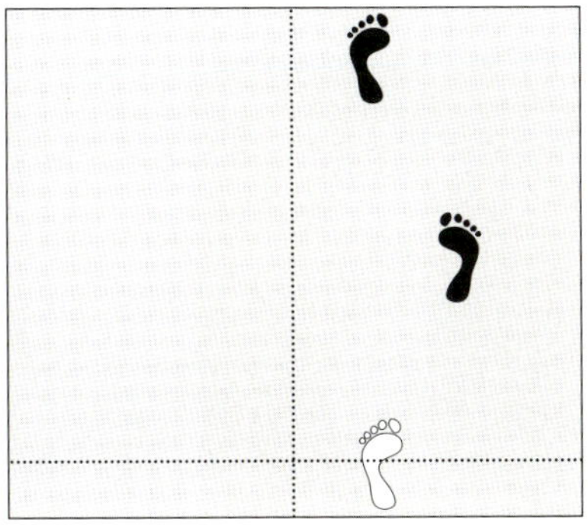

Zwischenbewegung

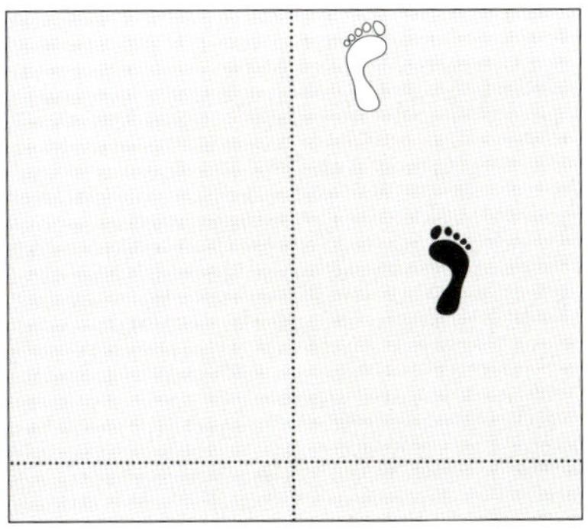

9. Bewegung

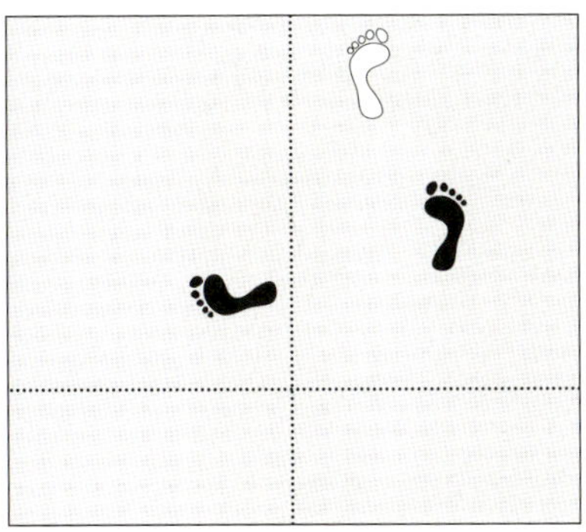

Zwischenbewegung

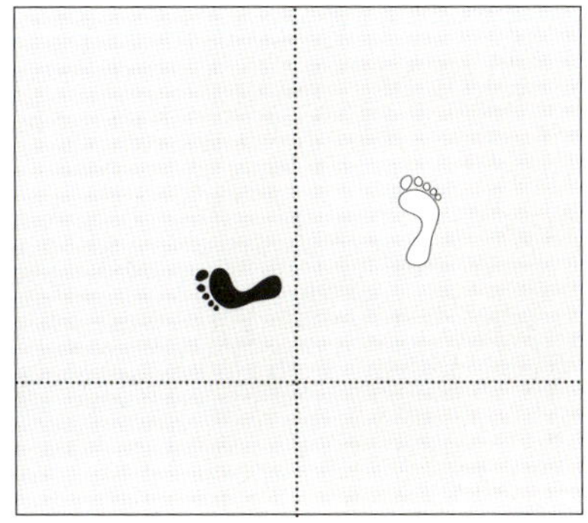

10. Bewegung

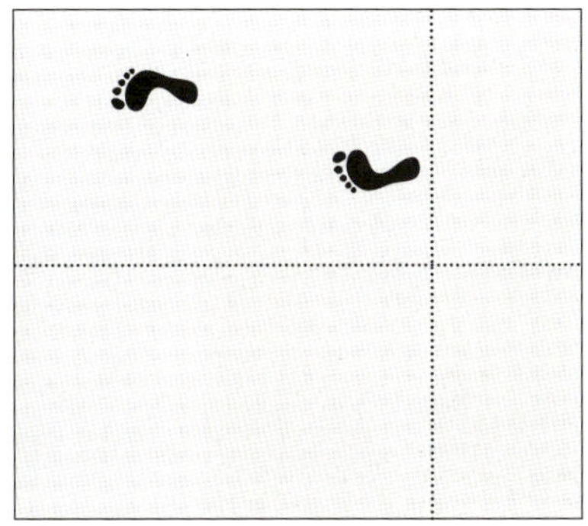

Zwischenbewegung

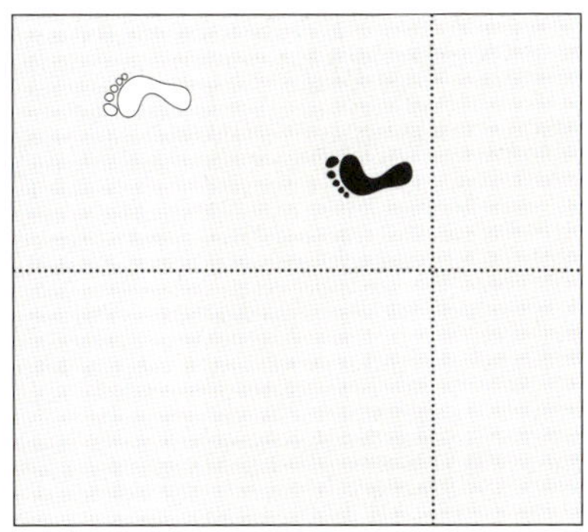

11. Bewegung

Zwischenbewegung

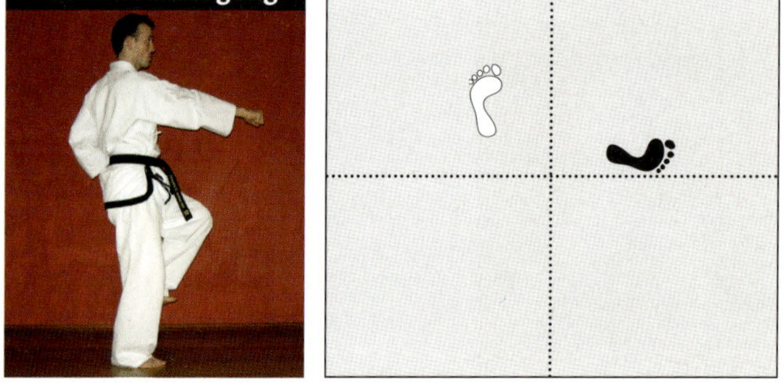

12. Bewegung

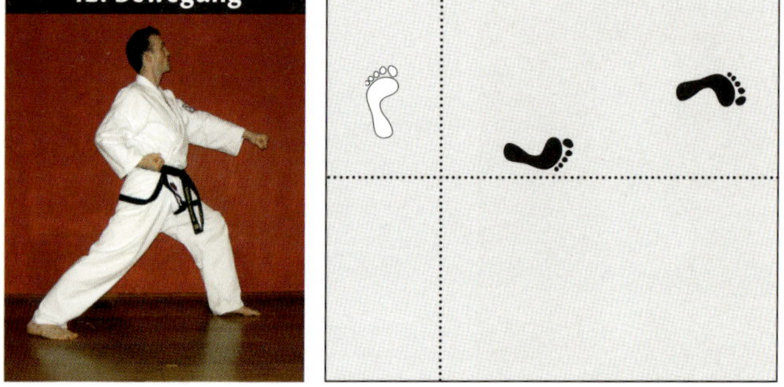

Zwischenbewegung

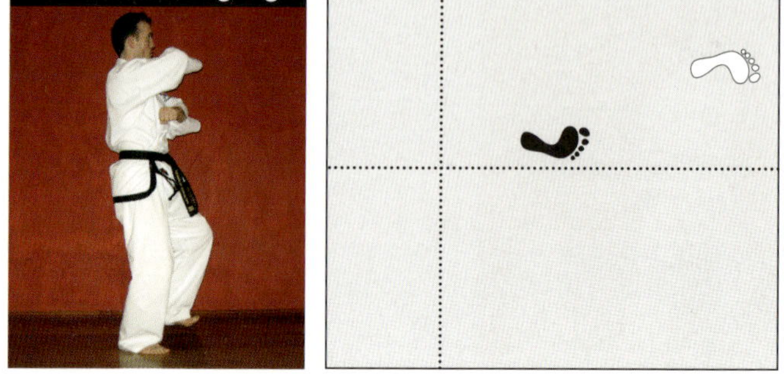

13. Bewegung

Zwischenbewegung

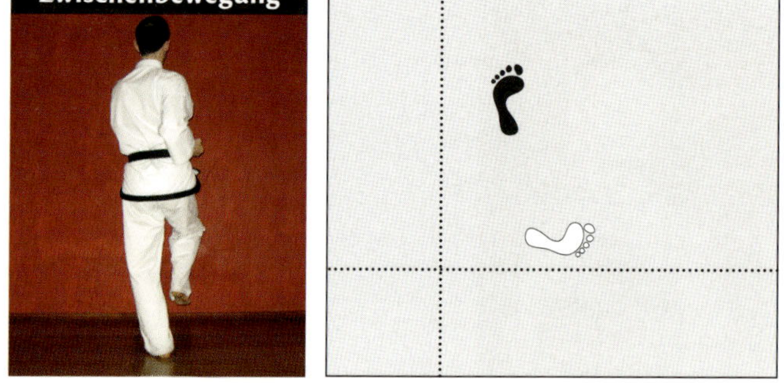

14. Bewegung

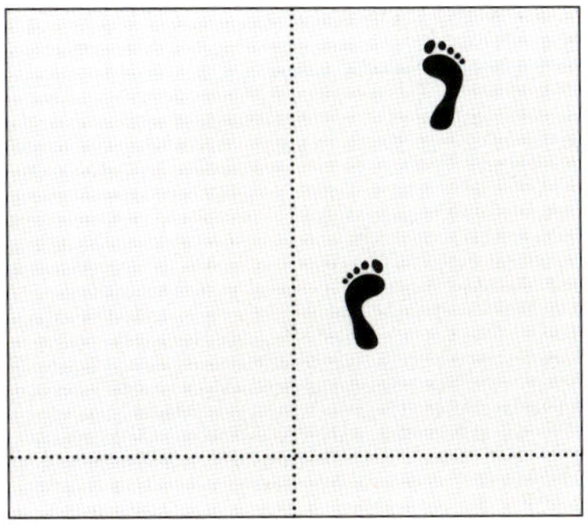

Zwischenbewegung

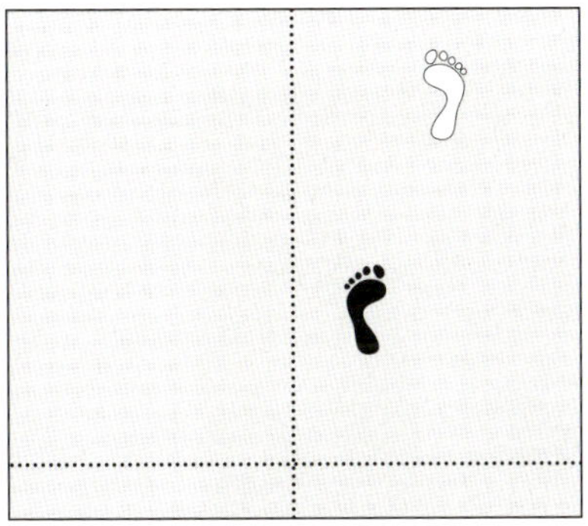

15. Bewegung

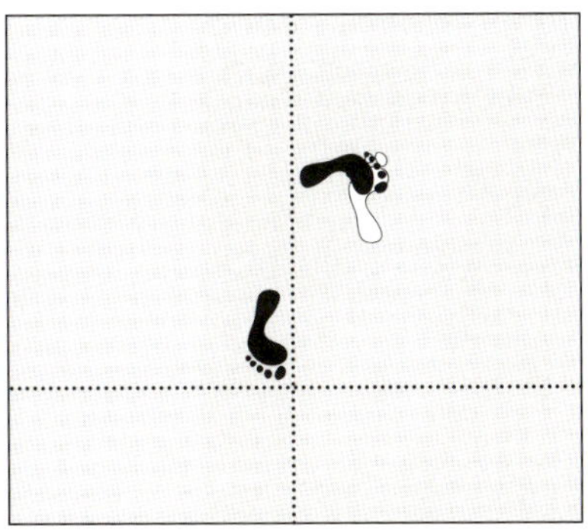

Zwischenbewegung

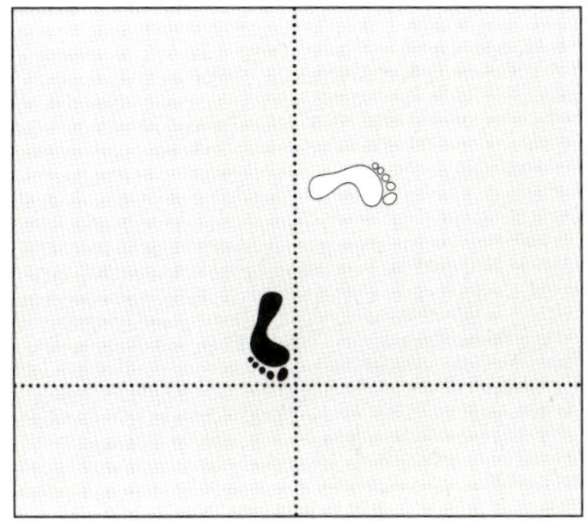

16. Bewegung

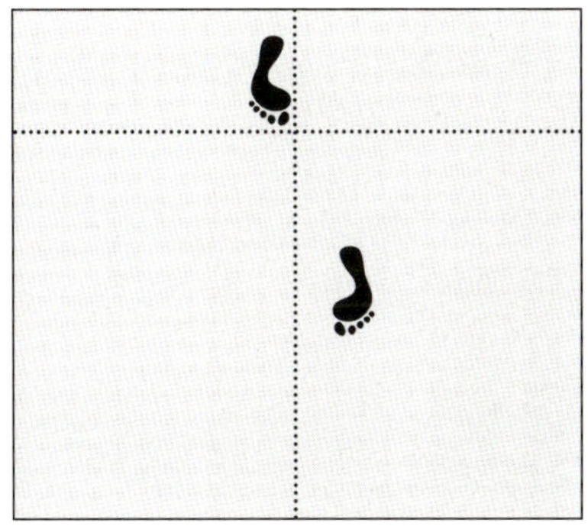

Zwischenbewegung

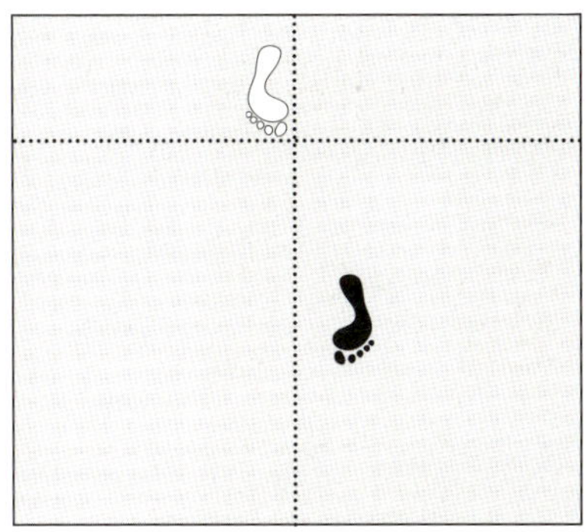

17. Bewegung

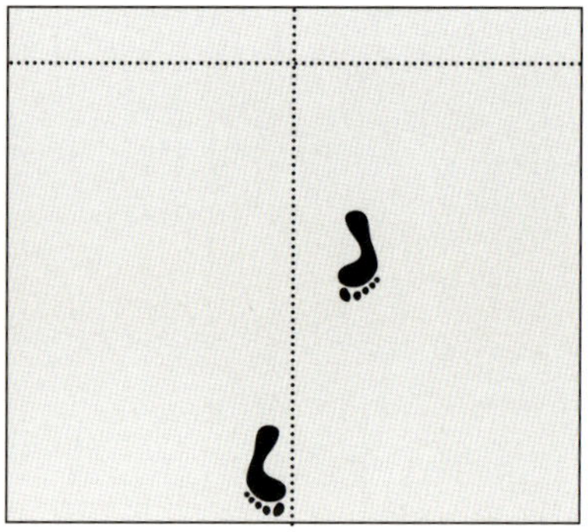

Zwischenbewegung

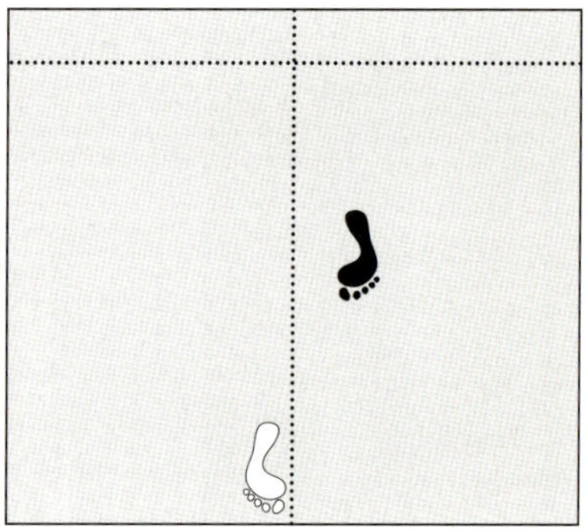

18. Bewegung

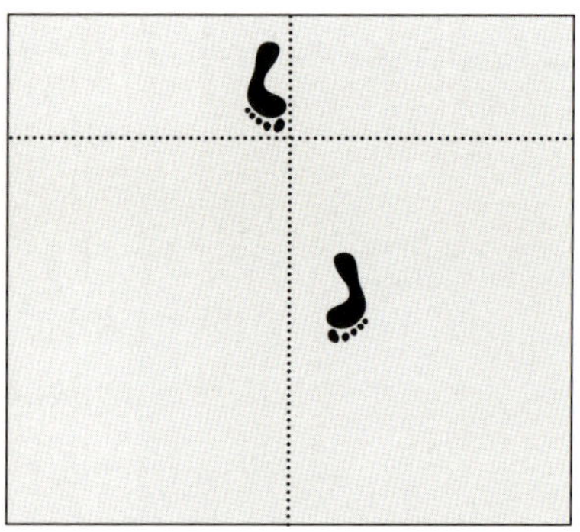

Zwischenbewegung

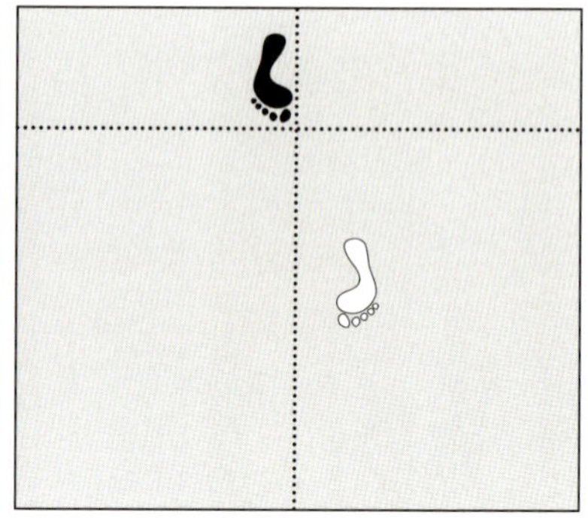

19. Bewegung

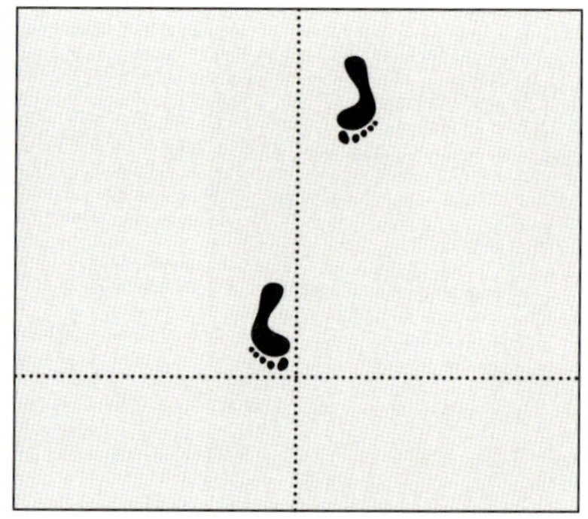

Zwischenbewegung

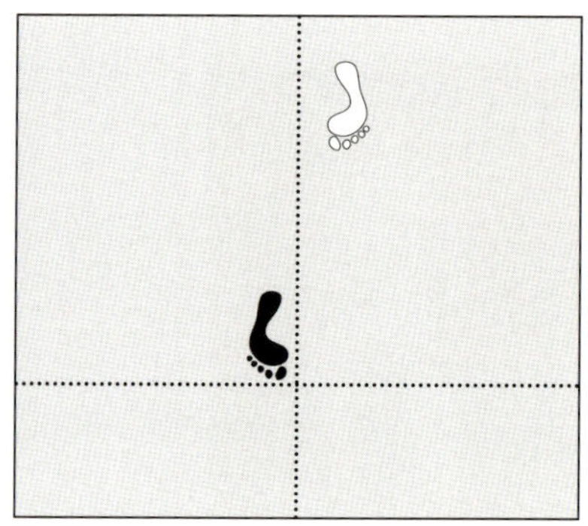

Ausgangsstellung

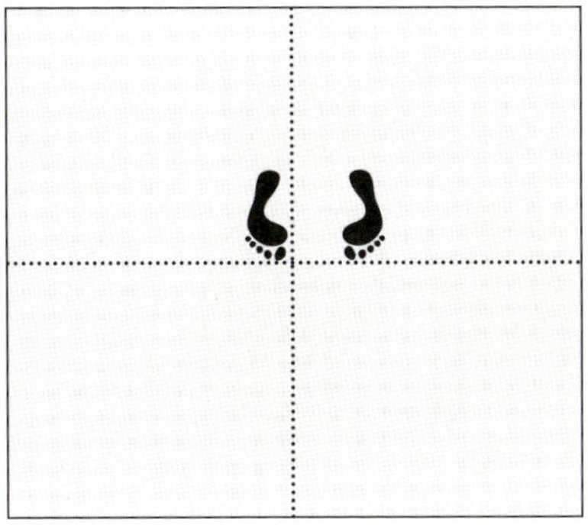

Zwischenbewegung

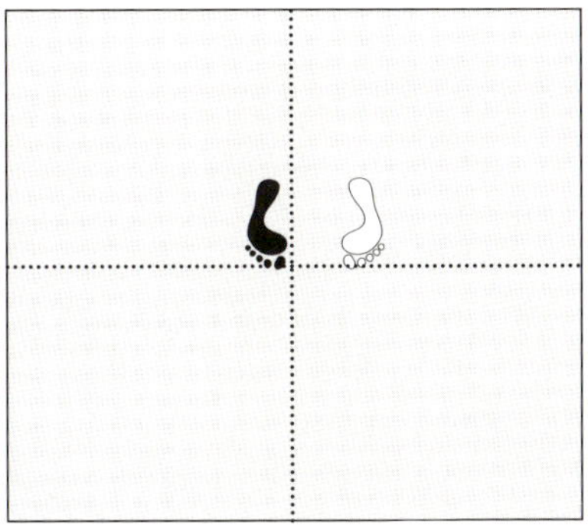

Endstellung

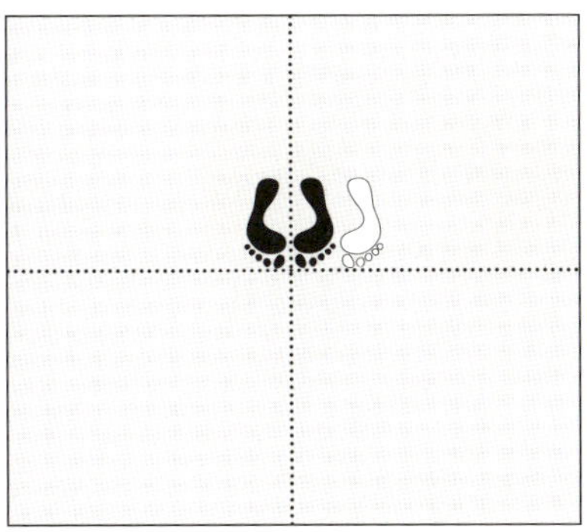

2 Tan-Gun Hyong

Zur zweiten Hyong:

Das Diagramm

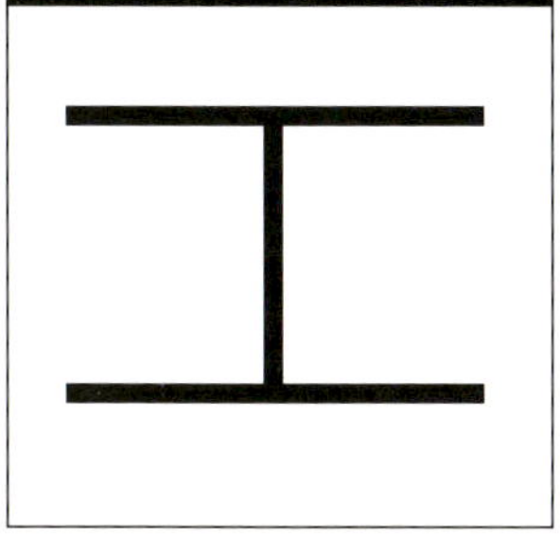

Mit der zweiten Hyong tut sich der Anfänger in der Regel leichter als mit der ersten. Erstens hat der Schüler bereits sein Bewegungsverständnis erweitert. Zweitens ist der strukturelle Ablauf der Hyong übersichtler, da sich die Bewegungsabläufe nur einmal spiegelbildlich wiederholen, d. h. was zur linken Seite gelaufen wurde, wiederholt sich meist sofort zur rechten Seite.

Die Hyong ist hierbei unter zwei Aspekten zu betrachten:

1. Als Bewegungskunst und Selbstverteidigung

Die Hyong lässt – wie auch schon in der erste – auf jede Verteidigung sofort wieder einen Angriff folgen. Die Angriffstechniken beschränken sich lediglich auf einen Fauststoß ins Gesicht. Bewegungsbeginn ist wieder zur linken Seite mit einer Verteidigungstechnik. Der Schüler lernt bei der zweiten Hyong vier neue Verteidigungstechniken. Das Diagramm dieser Hyong ist ein sogenanntes „quergestelltes H-Diagramm", das bei den Anfänger-Hyongs am häufigsten seine Verwendung findet. Tan-Gun Hyong besteht aus 21 Bewegungen.

2. Als Symbol

„Tan-Gun" war ein Heiliger, der im Jahre 2333 v. Chr. Korea gegründet haben soll. Den Mythen nach war Tan-Gun der Sohn des Himmelskönigs und einer Menschenfrau (Tan = Helligkeit, Licht von Sonne und Mond zusammen, Erleuchtung; Gun = König und hoher Priester). Der Legende nach gründete er im Jahre 2333 vor unserer Zeitrechnung das Reich Cho'Son (Cho = Morgenstille, Morgenfrische; Son = hell, auch Leben in Harmonie mit Geist des Universums, Meditation, Weg zur inneren Klarheit = „Zen"). Cho'Son bedeutet: Helles Land der Morgenstille; Land des Ostens, wo die Sonne aufgeht; Land der Morgenröte – heutiges Korea. Tan-Gun soll auf dem Berg Asa Dal San im Alter von 1908 Jahren die göttliche Erleuchtung erlangt haben und in den Himmel eingegangen sein.

Stellungen

1. Moa Sogi

Gewicht: 50 % beide

2. Narani Chunbi Sogi

Gewicht: 50 % beide

3. Chongul Sogi

Gewicht: 70 % vorne

4. Hugul Sogi

Gewicht: 70 % hinten

Verteidigung

Aushol- + Zwischenphase

Endphase

1. Mitteblock offen (2 x)

Chungdan Sudo Taebi Makki in Hugul Sogi

Aushol- und Zwischenphase:

Hände sind offen, hintere Hand (Schwunghand) zeigt vom Gegner weg; vordere Hand (Blockhand) zeigt zur Wange; beide Extremitäten werden während dieser Verteidigung parallel bewegt, die Finger sind gestreckt und zusammen.

Endphase:

Die offenen Hände bieten nach der Abwehr die Option zum Greifen. Für den Gegner ist die hintere Schulter nicht sichtbar.

Aushol- + Zwischenphase

Endphase

2. Tiefblock (2 x)

Hadan Pakkat Palmok Paro Makki in Chongul Sogi

Aushol- und Zwischenphase:

Blockarm wird von oben ausgeholt (die Ausholbewegung kann bis hinter das Ohr erfolgen); die überkreuzten Arme dienen als Schutz.

Endphase:

Der Blockarm ist leicht abgewinkelt (wegen der Gefahr der Ellbogenüberstreckung) und befindet sich über dem Knie; die Gegenbewegung dient zur Kraftsteigerung (hier als Ellbogenstoß zurückgeführt zum Gürtel) und basiert auf dem 3. Newtonschen Gesetz (Aktion = Reaktion); der Kopf ist oben; beide Schultern sind nach vorne gerichtet.

3. Doppelblock (4 x)

Ssang Pakkat Palmok Makki in Hugul Sogi

Ausholphase:

Die, von der Hüfte aus, untere Handfläche (für die später daraus entstehende obere Blockhand) zeigt nach oben; die, von der Hüfte aus, obere Handfläche (für den später daraus entstehende seitlichen Kopfschutz) zeigt nach hinten.

Zwischenphase:

Fäuste verlaufen schräg nach oben über den Solarplexus; Handgelenksdrehung erfolgt sehr spät (dadurch erhöhte Muskelenergie).

Endphase:

Tiefer Stand; Ellbogen des oberen Arm ist maximal hochgestreckt und der Unterarm 15° abgeschrägt; Handgelenke sind gerade.

Abwehr gegen:

Würgeangriff oder 2 Angriffe (einmal Richtung Scheitel von oben, einmal Richtung Gesicht von vorne)

4. Hochblock (4 x)

Chukyo Paro Makki in Chongul Sogi

Aushol- und Zwischenphase:

Blockhand hinterm Ohr; Arme sind überkreuzt wie auch bei Verteidigung 2 (Überkreuzbewegungen sind gut für die Gehirnzusammenschaltung).

Endphase:

Die Gegenbewegung (hier als Ellbogenstoß) zum Gürtel dient zur Kraftsteigerung und basiert auf dem 3. Newtonschen Gesetz; Kopf ist erhoben; beide Schultern sind nach vorne gerichtet; Ellbogen der Blockhand maximal hoch und der Unterarm 15° abgeschrägt.

Verteidigung

Endphase

Aushol- + Zwischenphase

5. Handkante (2 x)
Chungdan Sudo Yop Makki = Block (alternativ Taerigi = Schlag) in Hugul Sogi

Aushol- und Zwischenphase:

Blockhand holt von oben aus, Finger zusammen und gestreckt

Endphase:

Ellbogen leicht abgewinkelt (wegen der Gefahr von Ellbogenüberstreckung); es besteht die Option zum Greifen; nur eine Schulter für Gegner sichtbar

Alternative Interpretation dieser Technik:

Angriff zum Hals (Chungdan Sudo Yop Taerigi)

Angriff

Fauststoß

Faustoß Kopfhöhe
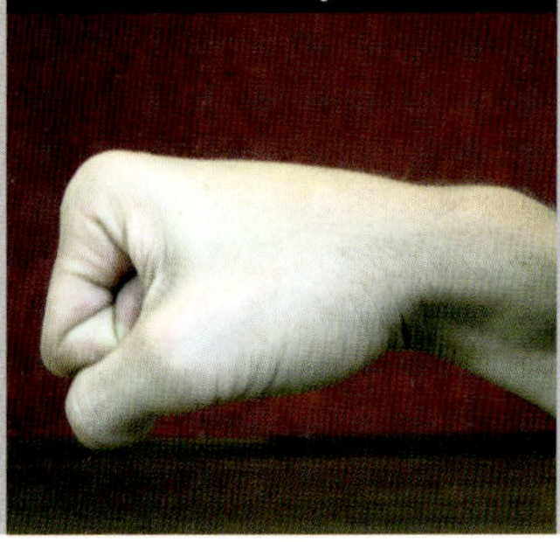

1. Fauststoß mit Angriffshöhe Gesicht (9 x)
Sangdan Paro Chirugi in Chongul Sogi

Vitale stellen
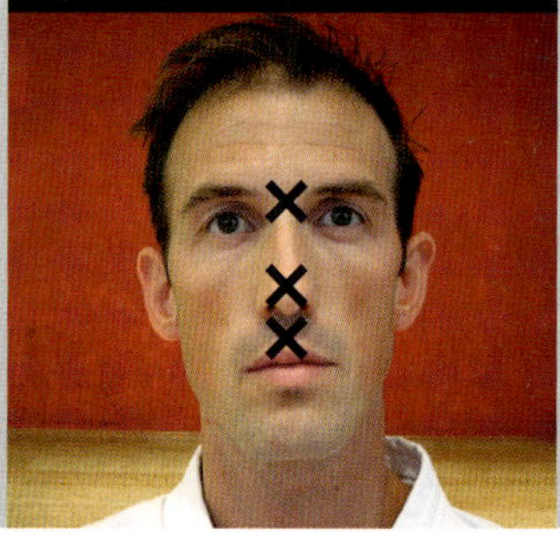

2. Wichtige „vitale Stellen“ beim Faustangriff Richtung Gesicht:
Nasenspitze, Nasenrücken, oberhalb der Schneidezähne

Der Angriff befindet sich auf Höhe der Nasenspitze.

Auch hier ist wieder, wie schon bei der 1. Hyong beschrieben, eine Gegenbewegung (Ellbogenstoß) vorhanden. Das Handgelenk sollte gerade sein (sowohl an der Kleinfingerseite als auch an der Ober- und Unterseite der Hand. Bei der Faust auf Gesichtshöhe sollte zusätzlich das Handgelenk leicht nach vorne geneigt werden, damit die Trefferfläche, die Knöchel der Grundgelenke von Zeige- und Mittelfingerknöchel, auch gegeben ist (siehe Bild Schlagfaust von oben)

Vorbereitung

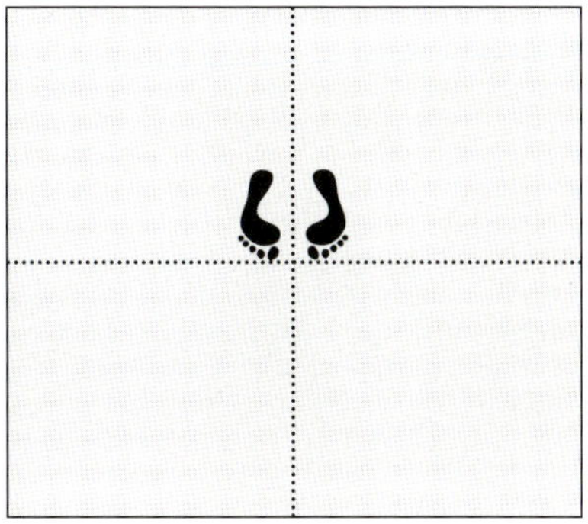

Zwischenbewegung

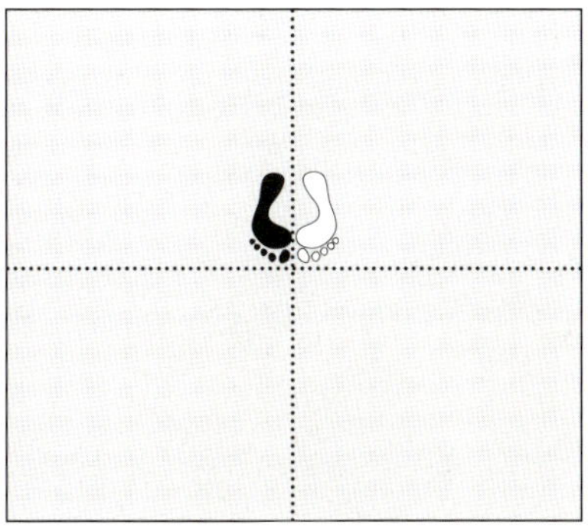

Ausgangsstellung

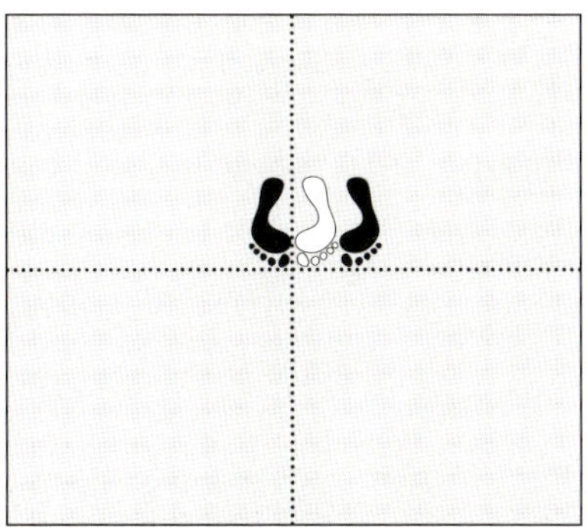

Zwischenbewegung

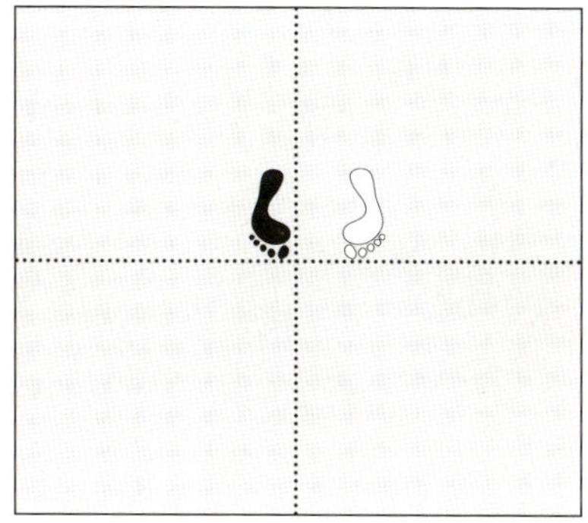

1. Bewegung

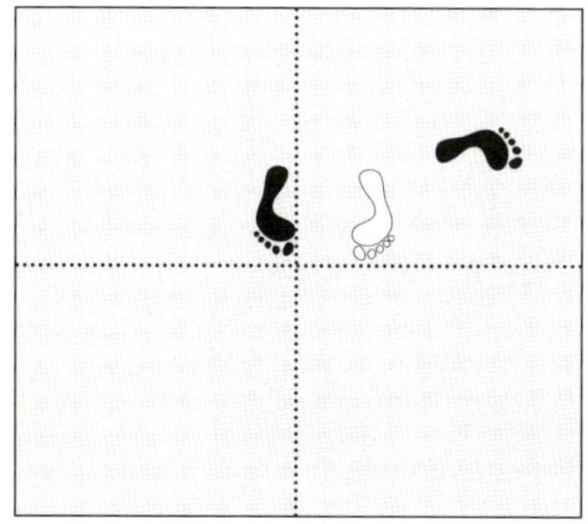

Zwischenbewegung 1

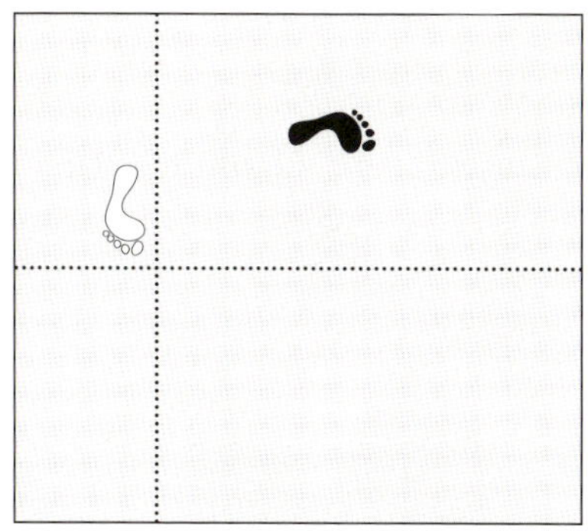

Zwischenbewegung 2

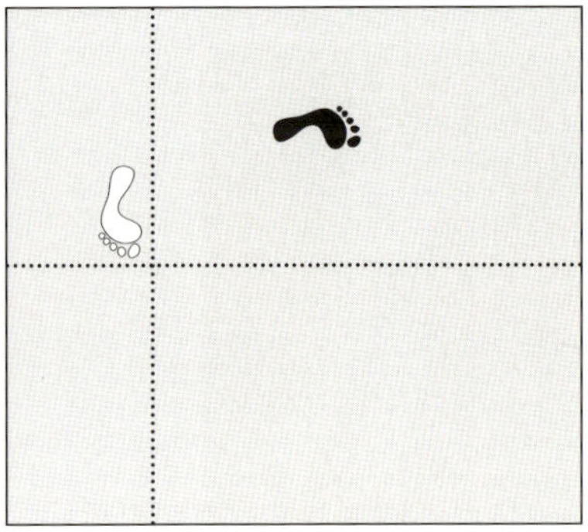

Zwischenbewegung 3

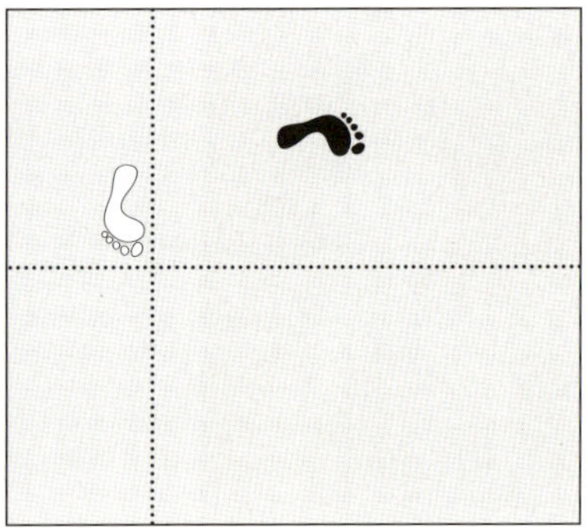

2. Bewegung

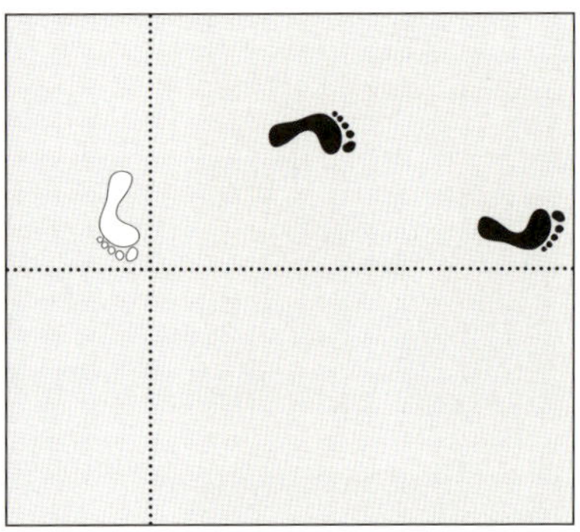

Zwischenbewegung

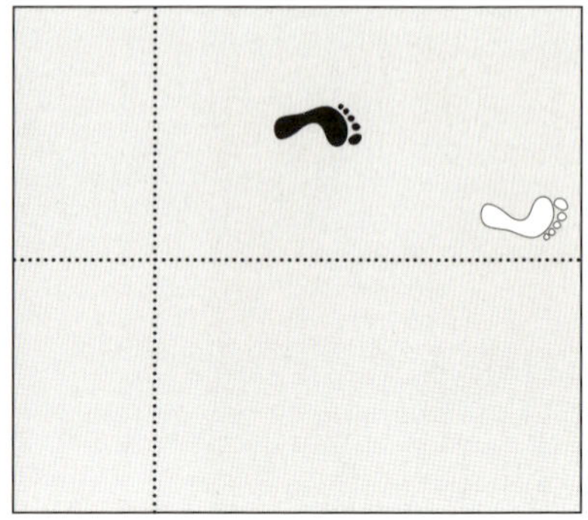

3. Bewegung

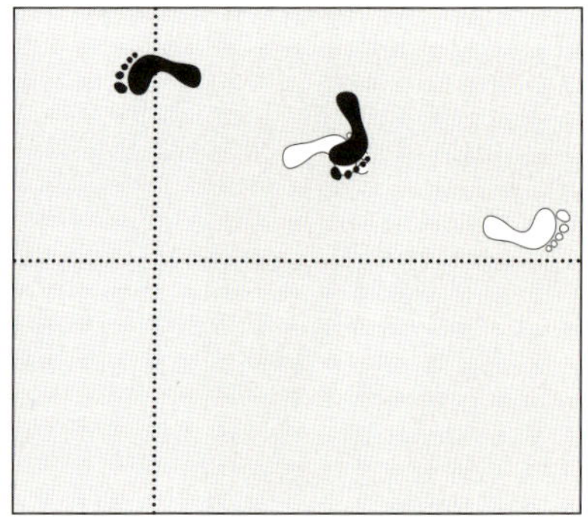

Zwischenbewegung

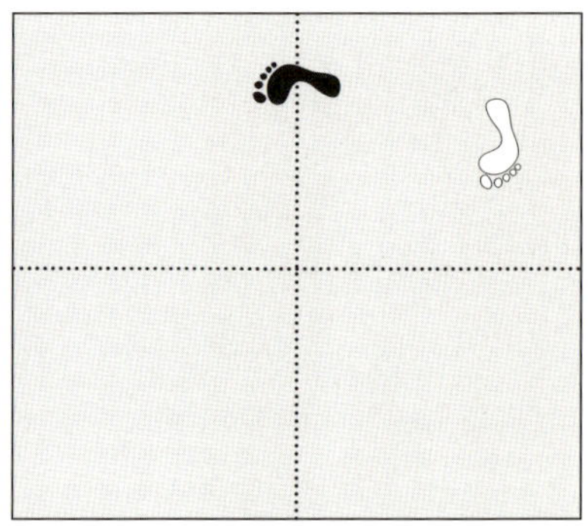

4. Bewegung

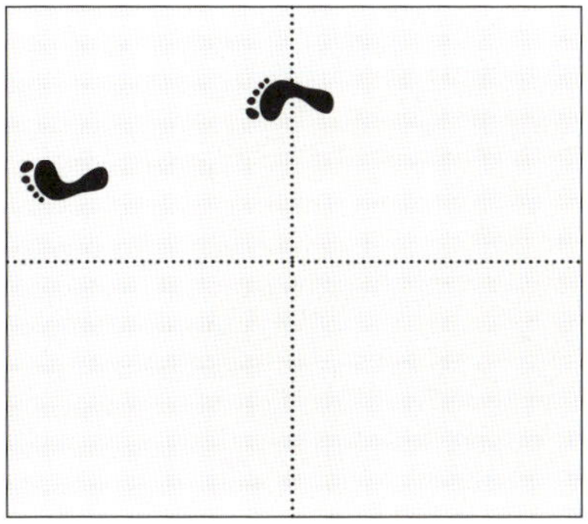

Zwischenbewegung

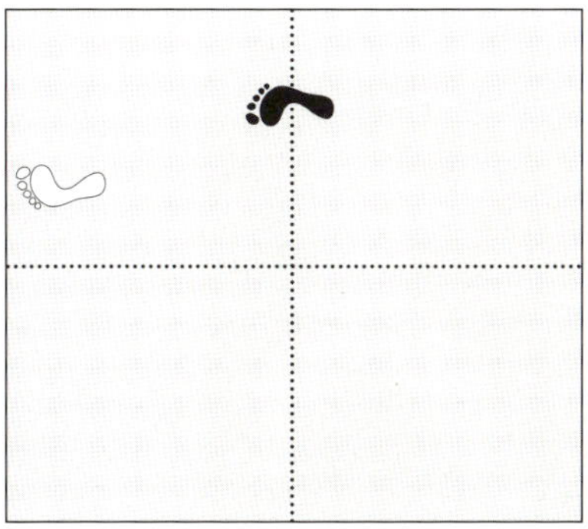

5. Bewegung

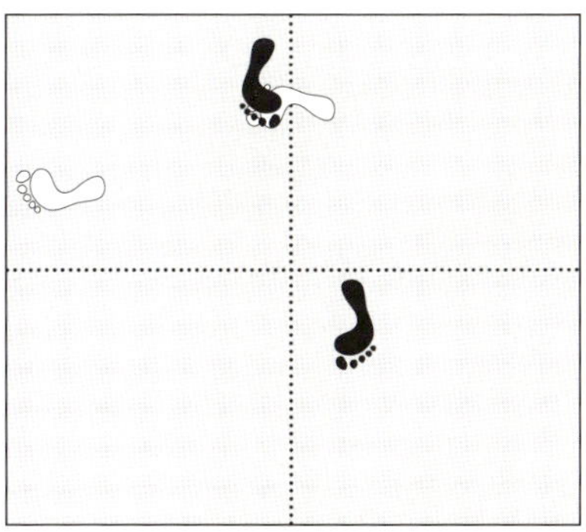

Zwischenbewegung

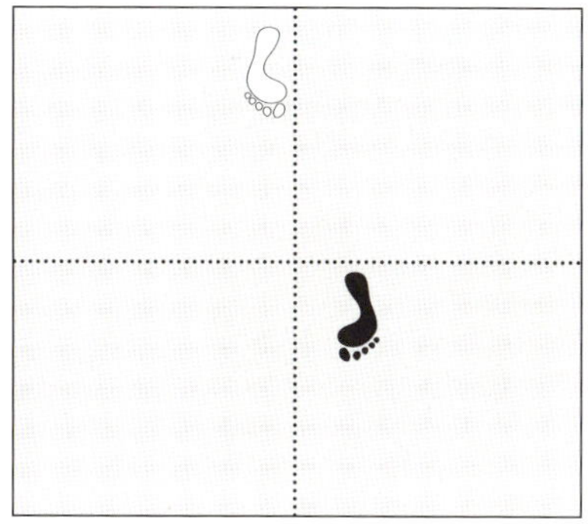

6. Bewegung

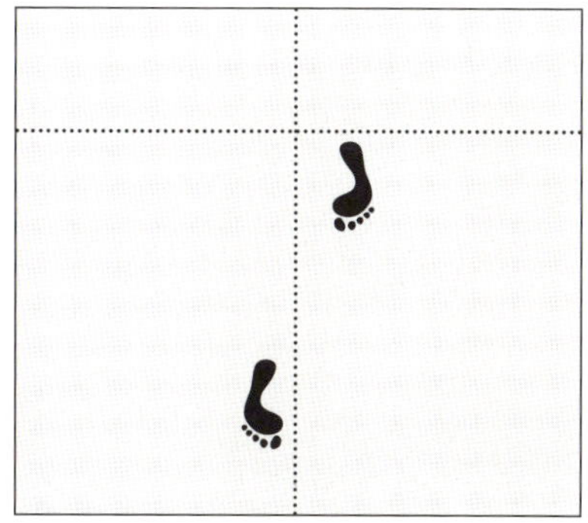

Zwischenbewegung

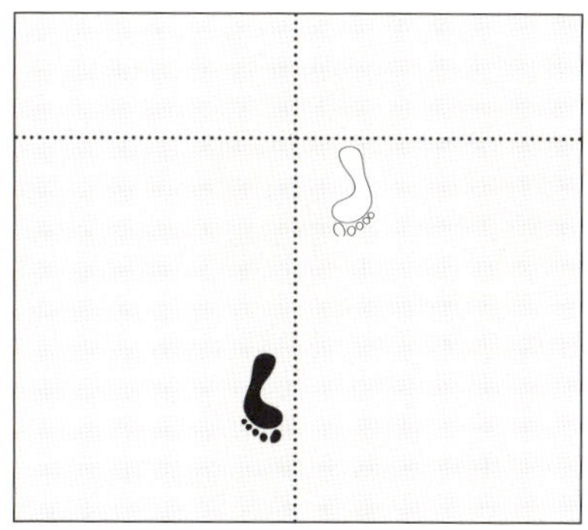

7. Bewegung

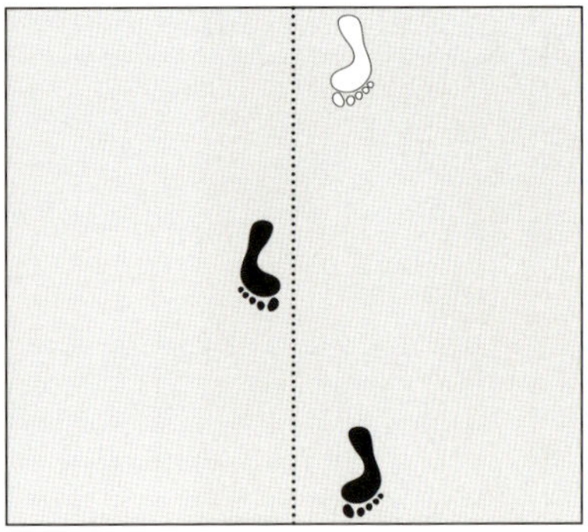

Zwischenbewegung

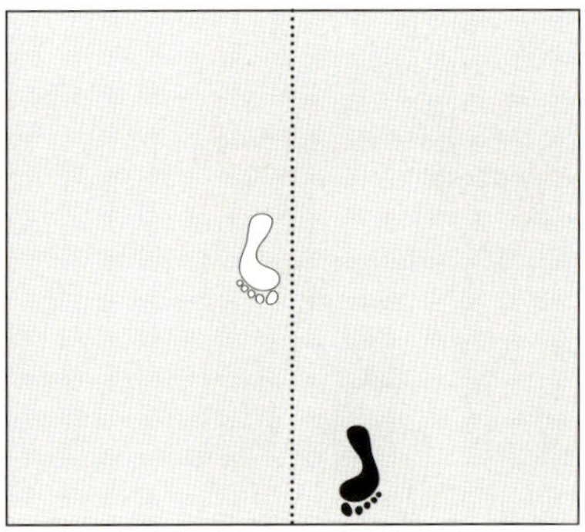

8. Bewegung

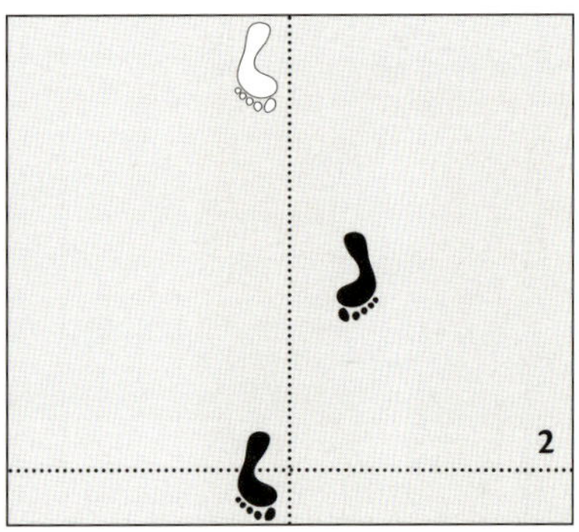

Zwischenbewegung

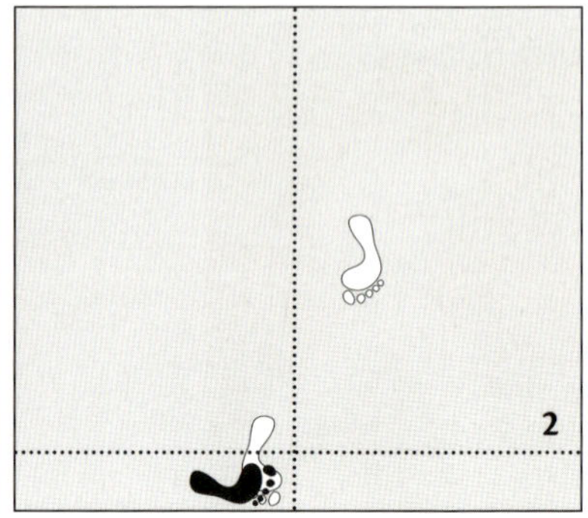

9. Bewegung

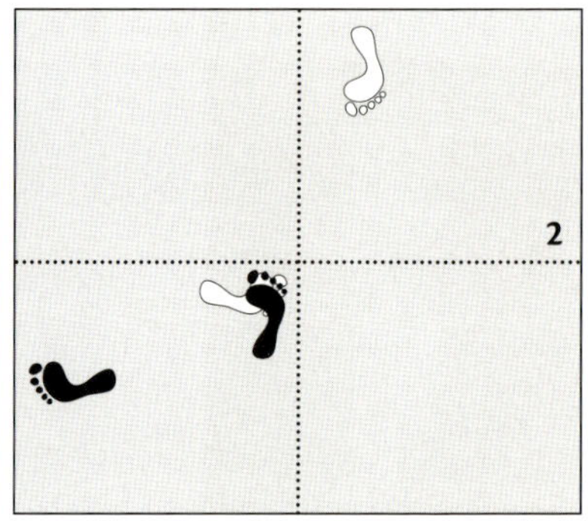

Zwischenbewegung

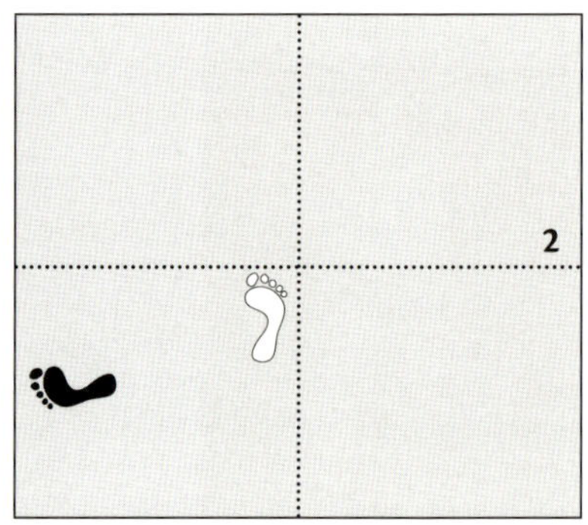

10. Bewegung

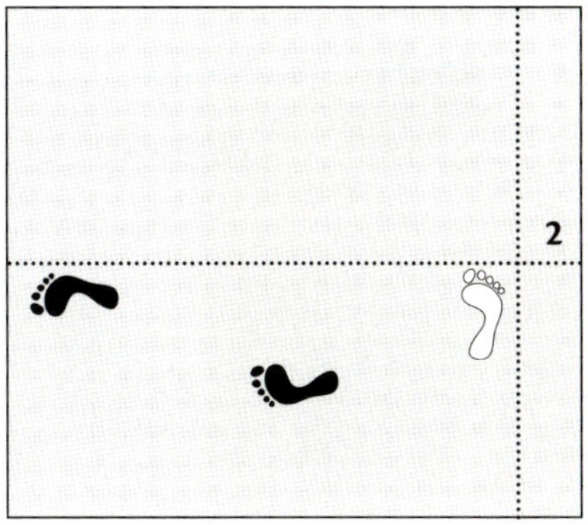

Zwischenbewegung

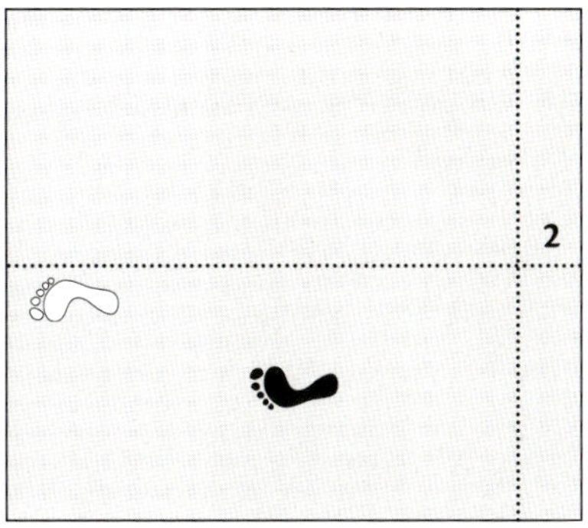

11. Bewegung

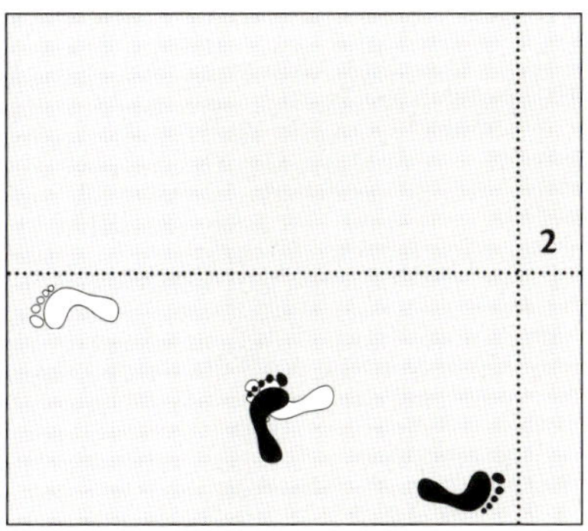

Zwischenbewegung

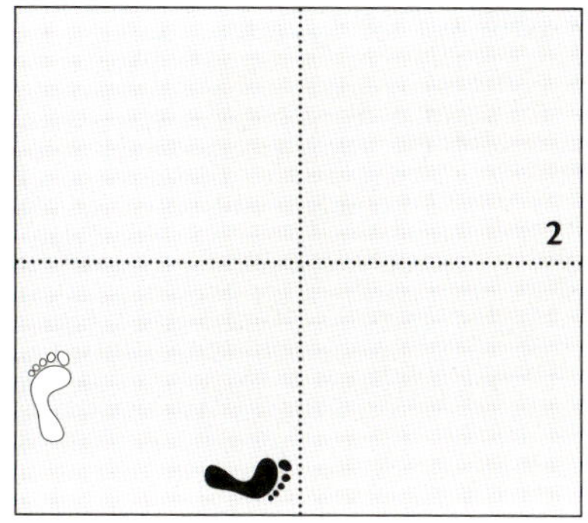

12. Bewegung

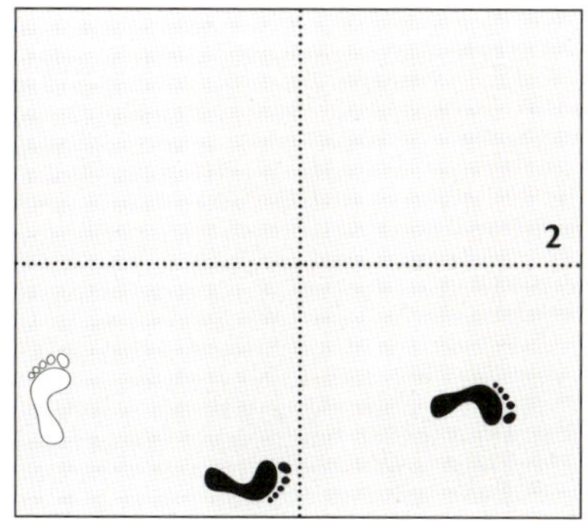

Zwischenbewegung

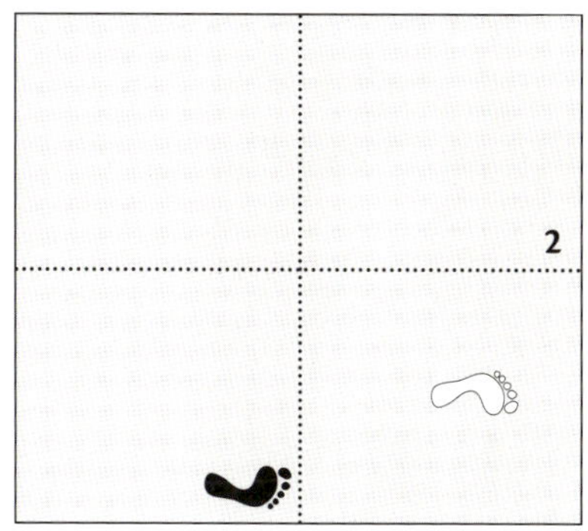

13. Bewegung

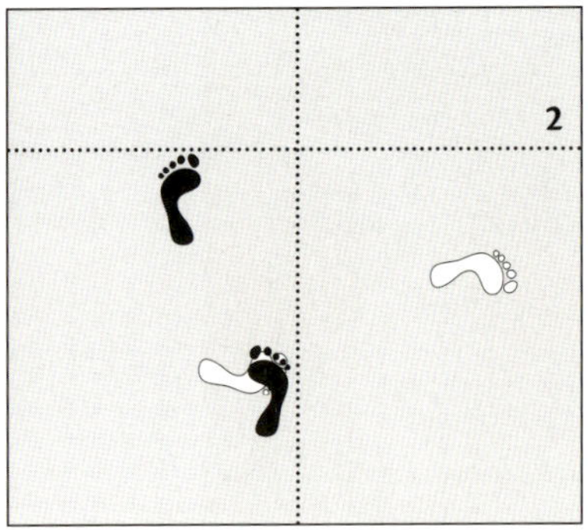

Zwischenbewegung

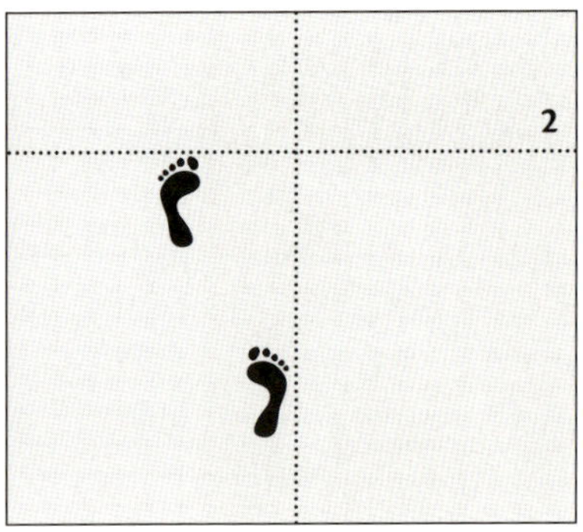

14. Bewegung

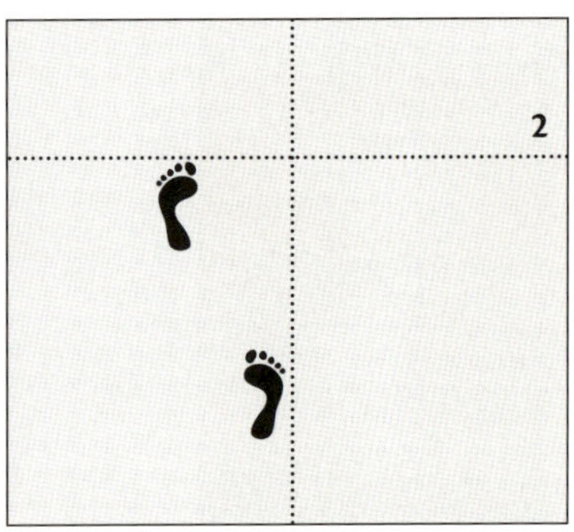

Zwischenbewegung

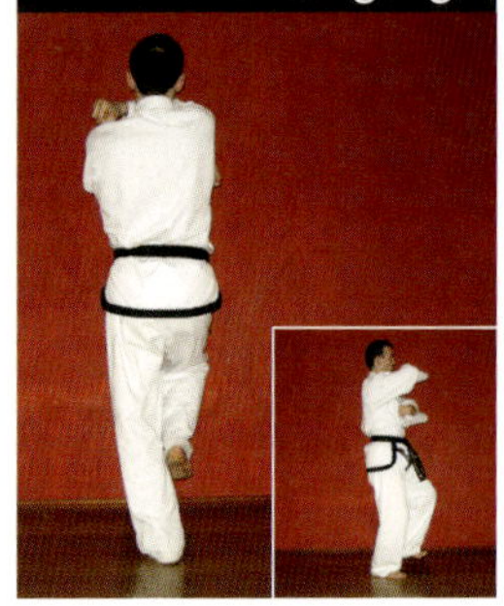

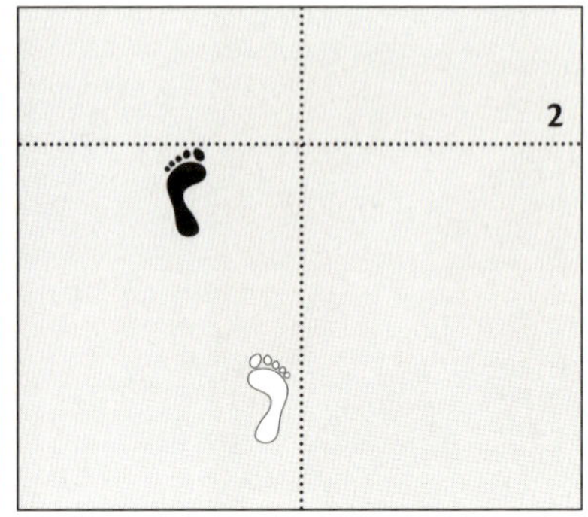

15. BEWEGUNG

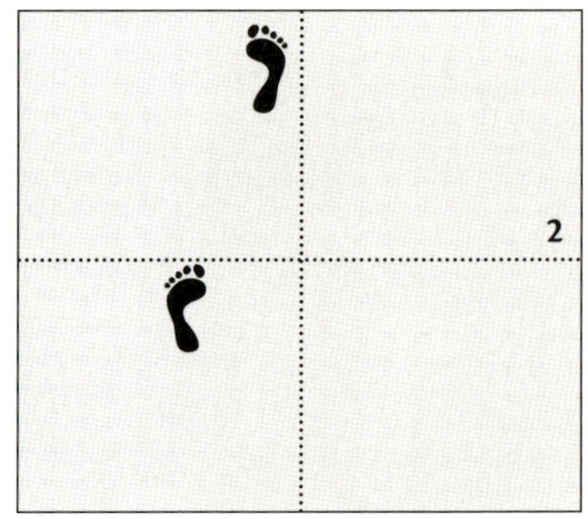

Zwischenbewegung

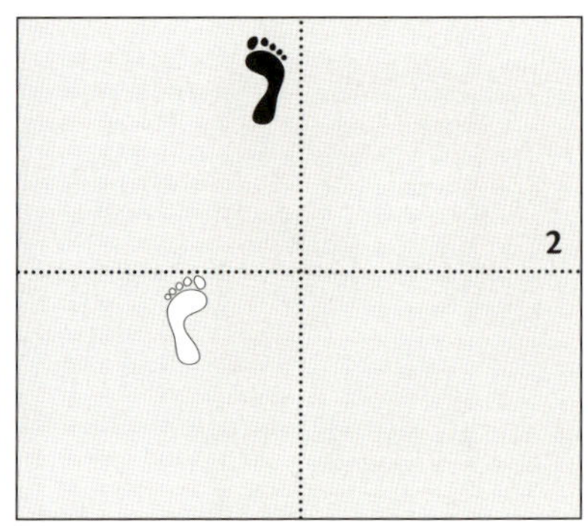

16. Bewegung

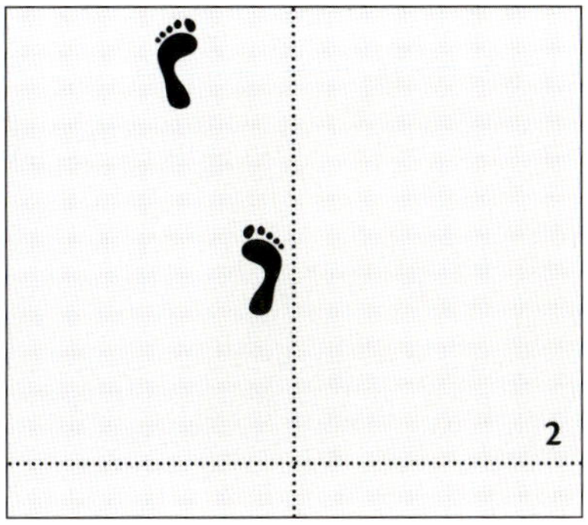

Zwischenbewegung

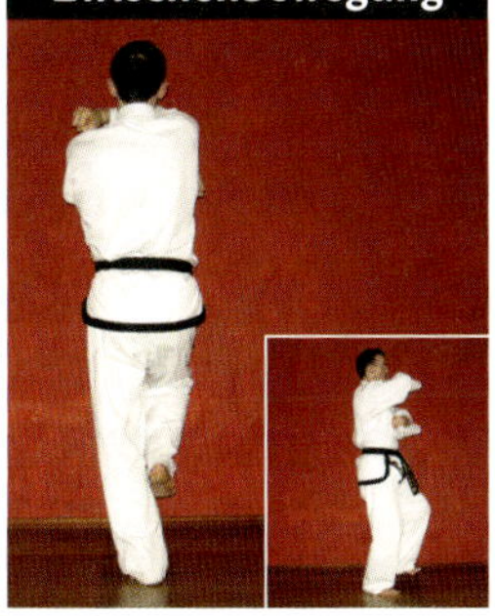

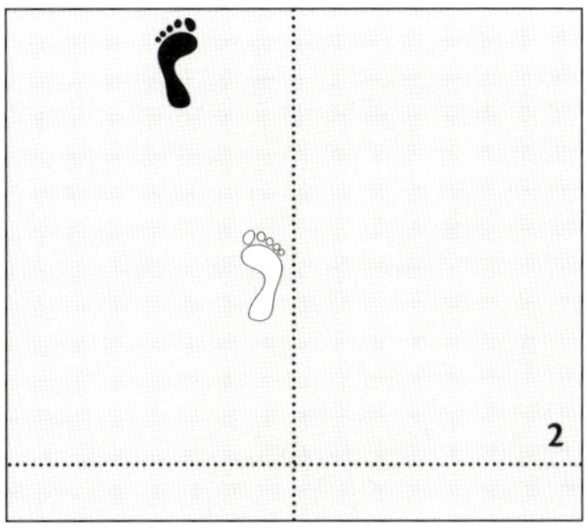

17. Bewegung

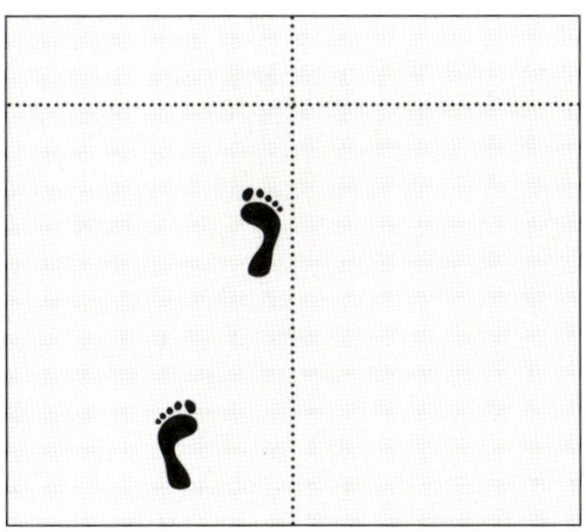

Zwischenbewegung

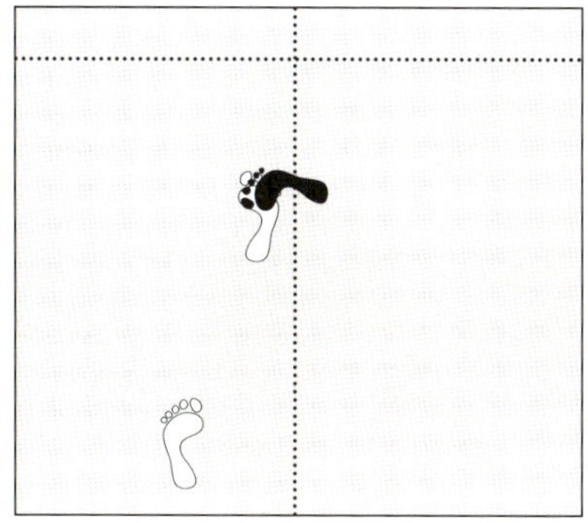

18. Bewegung

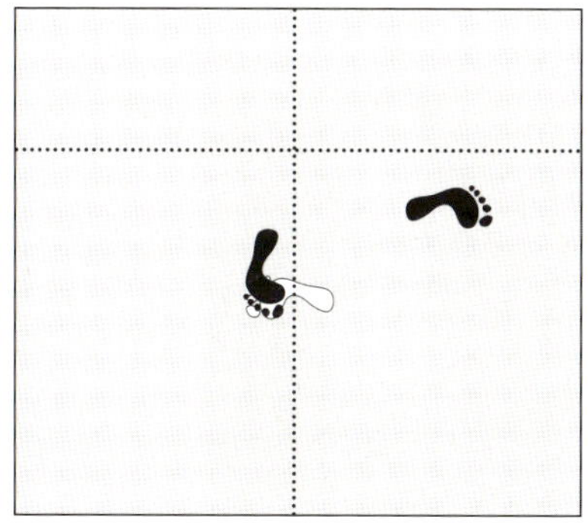

Zwischenbewegung

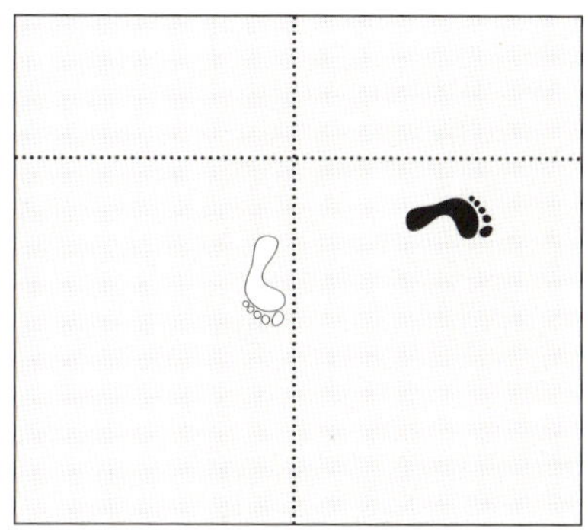

19. Bewegung

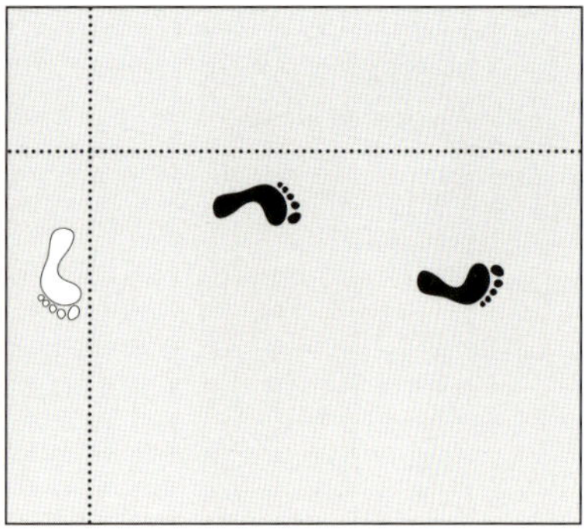

Zwischenbewegung

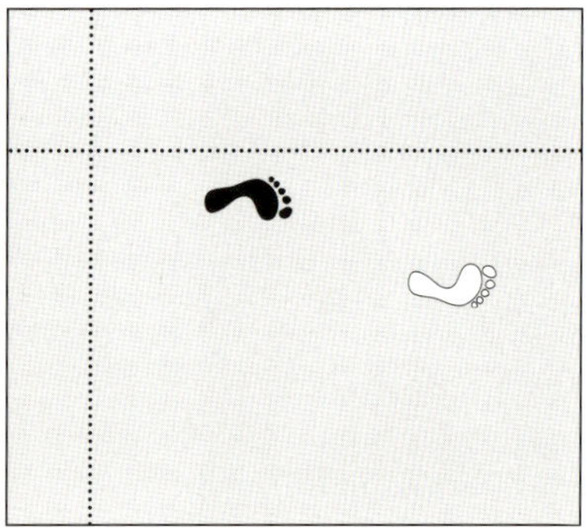

20. Bewegung

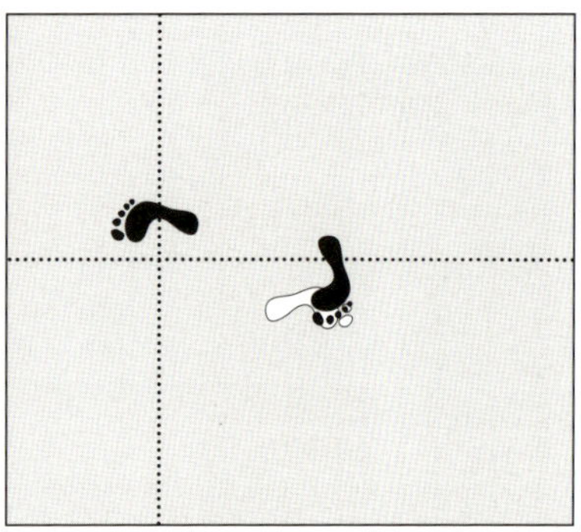

Zwischenbewegung

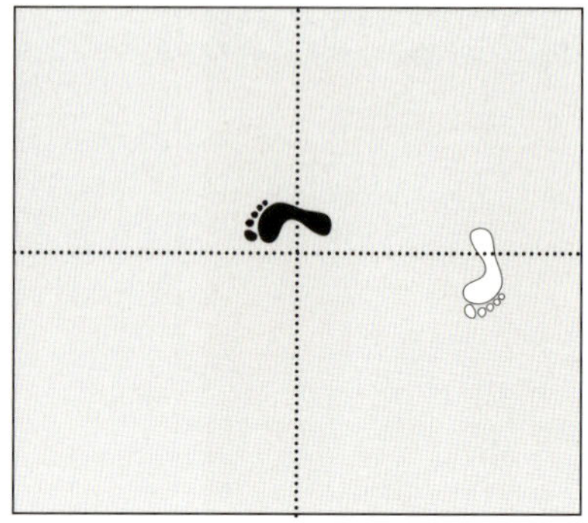

21. Bewegung

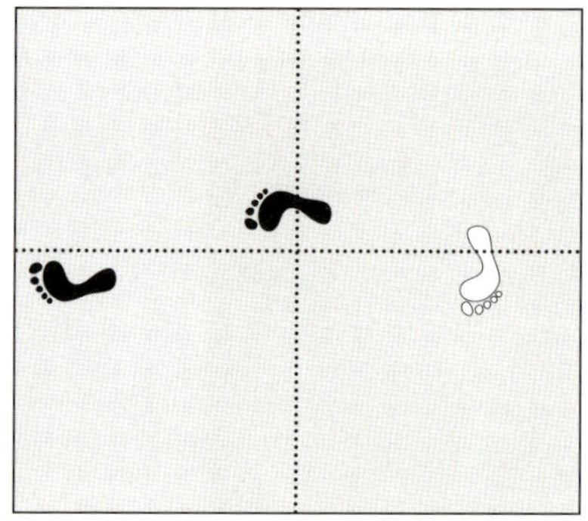

Zwischenbewegung

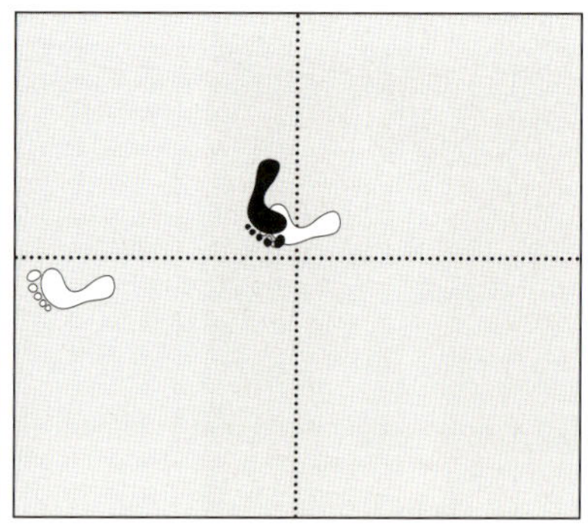

Ausgangsstellung

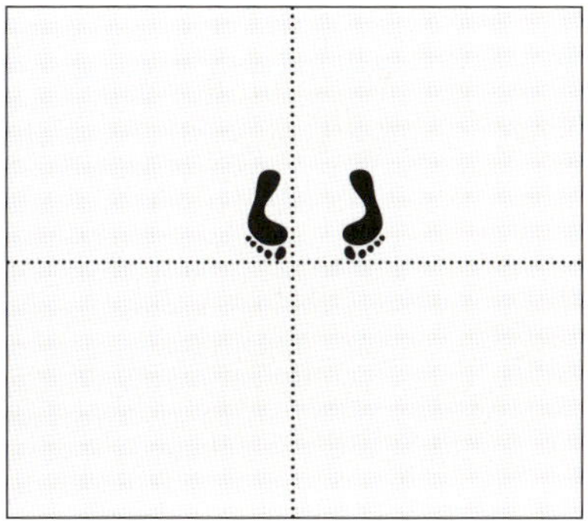

Zwischenbewegung

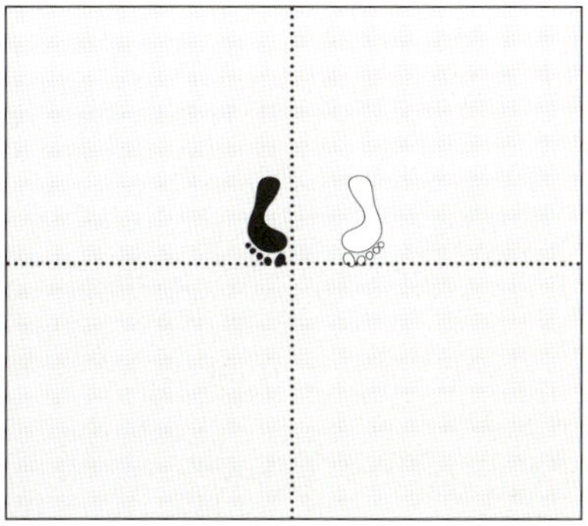

Endstellung

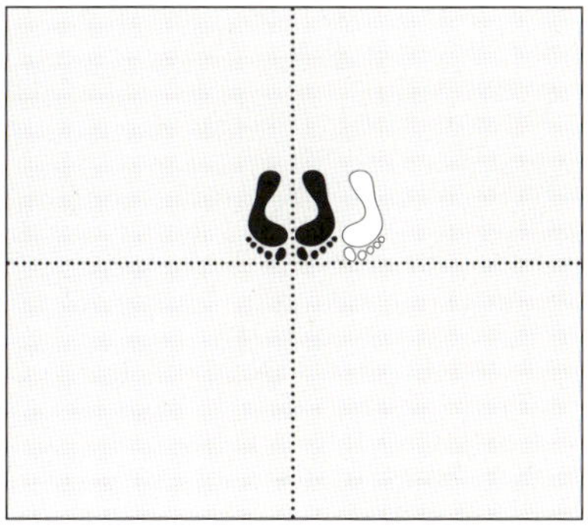

3 To-San Hyong

Zur dritten Hyong:

Das Diagramm

Die dritte Hyong beinhaltet neue Technikelemente, vor allem die erste Fußtritttechnik (den sogenannten Ap-Chagi). Gerade die Fußtechniken des traditionellen Taekwondo liefern den eindeutigsten Unterschied zu allen weltweiten Kampfkünsten. Kein anderer Kampfsport hat eine solche Technikpalette im Beinbereich wie das Taekwondo. Außerdem begibt sich der Akteur nun auch zum ersten Mal in eine diagonale Bewegungsrichtung, was seinen Orientierungssinn neu schult. Diese Hyong ist weniger abgehackt, lässt fließendere Bewegungen zu und erhöht somit das schnelle motorische Umschalten des Praktizierenden von einer in die andere Bewegung. Die dritte Hyong ist wie auch die ersten beiden spiegelbildlich aufgebaut. Der Großteil der Bewegungssequenzen wird zunächst nach links und dann nach rechts ausgeführt. D. h. der Akteur trainiert sich automatisch beidseitig.

Die Hyong ist hierbei unter zwei Aspekten zu betrachten:

1. Als Bewegungskunst und Selbstverteidigung

Diese Hyong lässt wie auch schon in den beiden ersten Hyongs auf jede Verteidigung sofort wieder einen Angriff folgen. Allerdings beschränkt sich der Gegenangriff hierbei nicht immer nur auf eine Technik, sondern es kommt auch zu Angriffskombinationen. Die Angriffstechniken beschränken sich jetzt nicht nur auf den Fauststoß, es kommen neue Technikaspekte hinzu. Als unterstützenden Hinweis für den Anfänger sei gesagt, dass alle Faustangriffe, wie auch bei der ersten Hyong, in Richtung Solarplexus ausgeführt werden. Bewegungsbeginn ist erneut zur linken Seite mit einer Verteidigungstechnik. Neu für den Schüler sind bei dieser Hyong zwei Verteidigungstechniken, eine Befreiungstechnik und vier Angriffe. Das Diagramm der dritten Hyong ist ein sogenanntes „quergestelltes H-Diagramm“, allerdings mit zwei eingeflochtenen Diagonalen. To-San Hyong setzt sich aus 24 Bewegungen zusammen.

2. Als Symbol

„To-San“ war das Pseudonym des großen Patrioten „An Ch'ang-Ho“ (1876 – 1938), der sein ganzes Leben der Unabhängigkeitsbewegung und Förderung von Bildung in Korea gewidmet hat.

Stellungen

1. Moa Sogi

Gewicht: 50 % beide

2. Narani Chunbi Sogi

Gewicht: 50 % beide

3. Chongul Sogi

Gewicht: 70 % vorne

4. Hugul Sogi

Gewicht: 70 % hinten

5. Dytpal Sogi

Gewicht: 95 % hinten

6. Hugul Sogi verkürzt

Gewicht: 70 % vorne

Verteidigung

Aushol- + Zwischenphase

Endphase

1. Außenblock Mitte (4 x)

Chungdan Pakkat Palmok Yop Makki in Chongul Sogi

Aushol- + Zwischenphase

Endphase

2. Mitteblock offen (1 x)

Chungdan Sudo Taebi Makki in Hugul Sogi

Aushol- und Zwischenphase:

Ausholbewegung hinterm Ohr.

Endphase:

Gegenbewegung am Gürtel (als Ellbogenstoß zurückgeführt, 3. Newtonsches Gesetz); Kopf oben; beide Schultern nach vorne; Block mit Unterarmaußenseite (90° am Ellbogen abgewinkelt); diese Blocktechnik wird sehr nahe am Gegner ausgeführt.

Aushol- und Zwischenphase:

Hände sind offen; hintere Hand (Schwunghand) zeigt weg vom Gegner; vordere Hand (Blockhand) zeigt zur Wange; beide Extremitäten werden während dieser Verteidigung parallel bewegt; die Finger sind gestreckt und zusammen; vorderes Bein ist entweder angezogen, um dem Gegner eine Distanz zu vermitteln (optische Täuschung) oder um das vordere Bein vor einer Gefahr zurückgezogen zu halten (potenzieller Fußfeger); beide Beine sind gebeugt; es wird ein Gleitschritt zur Endphase ausgeführt. Die Ausholbewegung könnte auch einen Angriff zum Kopf von hinten abwehren.

Endphase:

Die offenen Hände bieten nach der Abwehr eine Option zum Greifen. Für den Gegner ist die hintere Schulter nicht sichtbar.

Aushol- + Zwischenphase

Endphase

Endphase

Aushol- + Zwischenphase

3. Doppelter Außenblock mitte (2 x)

Chungdan Hechyo Makki in Chongul Sogi

Aushol- und Zwischenphase:

Dient zum Schutz von Hals und Solarplexus; bei den überkreuzten Armen befindet sich der linke Arm vorne; das vordere Bein ist in Dytpal Sogi angezogen.

Endphase:

Tiefer Stand, siehe Block 1 (Außenblock Mitte), allerdings sind hierbei die Arme keilförmig angeordnet (dadurch wird die Kraft des Gegners besser abgeleitet).

Abwehr gegen:

Würgeangriff

4. Hochblock (2 x)

Sangdan Chukyo Paro Makki in Natcha Sogi

Aushol- und Zwischenphase:

Blockhand hinterm Ohr; die Arme sind wie auch bei der Verteidigung 2 überkreuzt (Überkreuzbewegungen sind gut für die Gehirnzusammenschaltung).

Endphase:

Die Gegenbewegung (hier als Ellbogenstoß) zum Gürtel dient zur Kraftsteigerung und basiert auf dem 3. Newtonschen Gesetz; Kopf ist erhoben; beide Schultern sind nach vorne gerichtet; der Ellbogen der Blockhand ist maximal hochgestreckt und der Unterarm 15° abgeschrägt.

Angriff

1. Fauststoß mit Angriffshöhe Solarplexus (6 x)
Chungdan Pandae Chirugi in Chongul Sogi

Beschreibung:
Hierbei befindet sich das Bein der Schlaghand hinten.

2. Fauststoß mit Angriffshöhe Solarplexus (2 x)
Chungdan Paro Chirugi in Chongul Sogi

Beschreibung:
Hierbei befindet sich das Bein der Schlaghand hinten. Insgesamt zählt die Hyong 8 Fauststöße.

3. Fingerspitze in Kehle oder Solarplexus (1 x)
Chungdan Chong-kwansu Paro Tulki in Chongul Sogi

Aushol- und Zwischenphase:
Knie des Schrittbeins wird leicht angezogen; beide Ellbogen sind maximal hinter den Körper zurückgezogen; Handfläche zeigt als geballte Faust noch oben (dadurch wird Körperspannung erzeugt).

Endphase:
Die hintere Hand blockt einen Angriff zum Gesicht bzw. schützt den Ellbogen vor einem Angriff von unten; die Fingerspitze trifft geradlinig (Stich) Solarplexus oder Kehle; Schutzhand mit 2 Handbreiten Abstand vom Ellbogen (Abstand dient als „Airbag" bei eventuellem Angriff auf den Ellbogen).

4. Faustrücken an die Schläfen (2 x)
Sangdan Dung Chumok Paro Yop Taerigi in Chongul Sogi

Aushol- und Zwischenphase:
Knie des Schrittbeins wird leicht angezogen; Schlaghand wird von oben ausgeholt; unterer Arm schützt Solarplexus.

Endphase:
Schlagarm ist fast gestreckt (leicht abgewinkelt gegen Ellbogenüberstreckung); 3. Newtonsches Gesetz (Ellbogenstoß); Trefferpunkte sind Zeige- und Mittelfingeraußenknöchel.

Angriff gegen:
Schläfe des Gegners

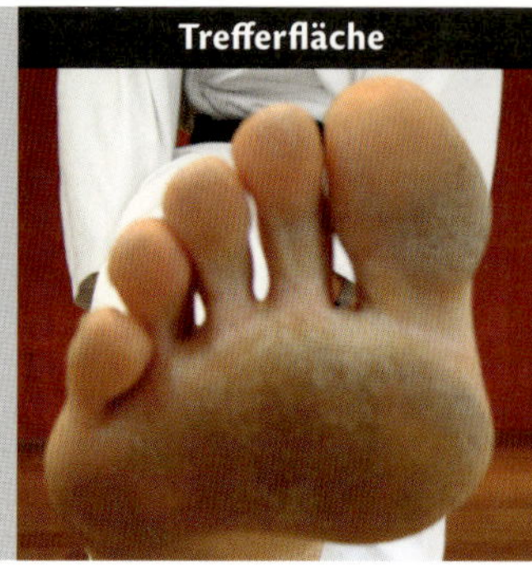

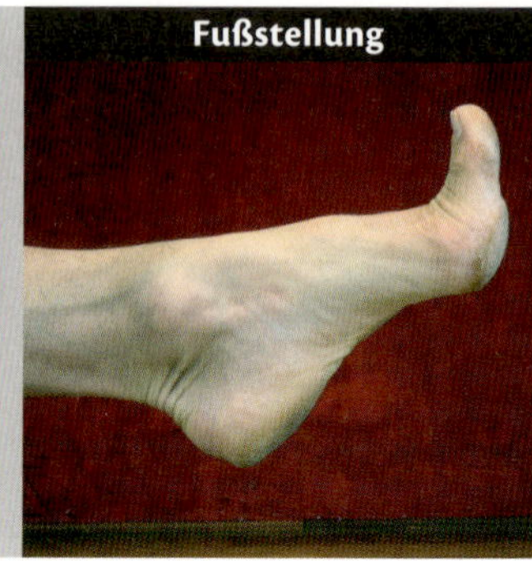

5. Ap Chagi Solarplexus oder Kinnspitze (2 x) *Chungdan Ap Chagi*

Aushol- und Zwischenphase:

Würgeabwehr bleibt bestehen; Gegner wird mit Knie nach hinten gedrängt bzw. auf Distanz gehalten.

Endphase:

Kick erfolgt aus dem Kniegelenk; Trefferfläche (siehe Bild unten); Ausführung kann hart gegen den Gegner erfolgen oder als Schiebebewegung für den folgenden Doppelfauststoß.

Angriff gegen:

Gesicht, Hals oder Solarplexus

6. Handkante Solarplexus oder Hals (2 x)
Chungdan Sudo Yop Taerigi in Kima Sogi

Aushol- und Zwischenphase:

Blick geht vorweg zum Gegner; Schlaghand kommt von oben; Ausholphase schützt Hals und Solarplexus; Schlaghand ist bereits geöffnet; untere Hand als Faust geballt; Beine sind leicht gebeugt und geschlossen.

Endphase:

Gegenbewegung wegen 3. Newtonschen Gesetz als Ellbogenstoß zurückgeführt; Gesicht zum Gegner über die Schulter gewandt; Handkante maximal gespannt (Finger gestreckt, Daumen außerhalb der Handfläche leicht abgewinkelt).

Angriff gegen:

Solarplexus oder Kehlkopf

Befreiungstechnik

Griffphase

Endphase

1. Ausdrehen, nachdem die Fingerspitze festgehalten wurde!

Griffphase:

Der Gegner weicht zurück, um nicht von der Fingerspitze attackiert zu werden und fasst blitzschnell den Fingerspitzenstich mit beiden Händen.

Endphase:

Um den folgenden Drehangriff mit dem Faustrücken ermöglichen zu können, dreht der Akteur mit einem Umspringen in Hugul Sogi den Arm um 180°, um seinem Schultergelenk mehr Bewegungsfreiheit zu verschaffen.

Vorbereitung

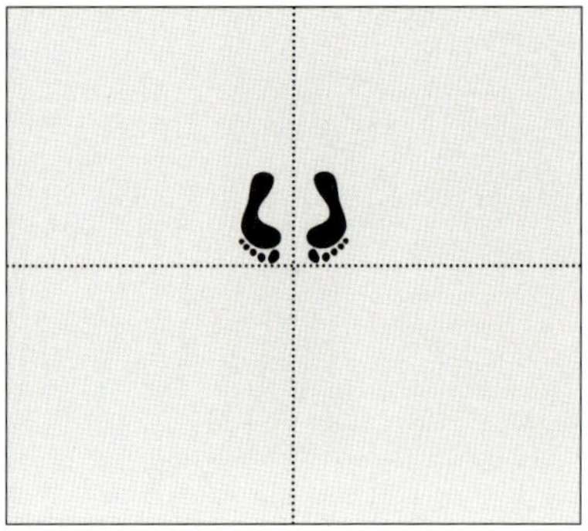

Zwischenbewegung

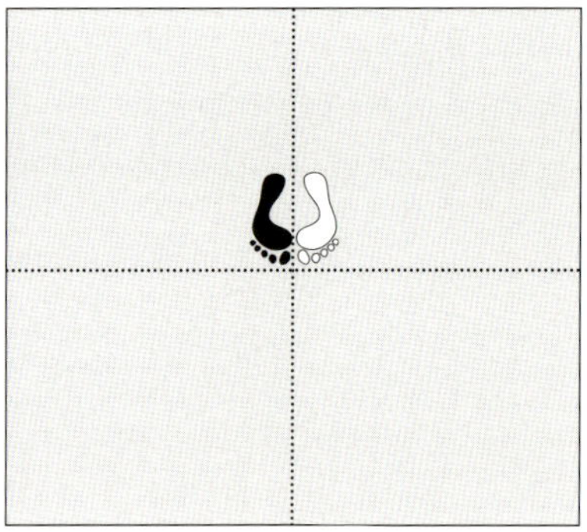

Ausgangsstellung

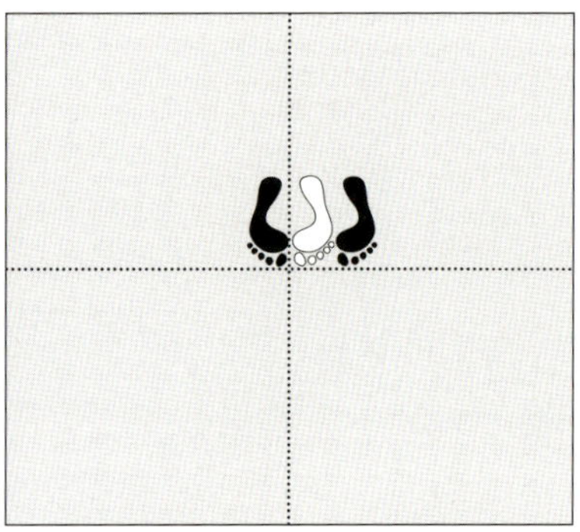

Zwischenbewegung

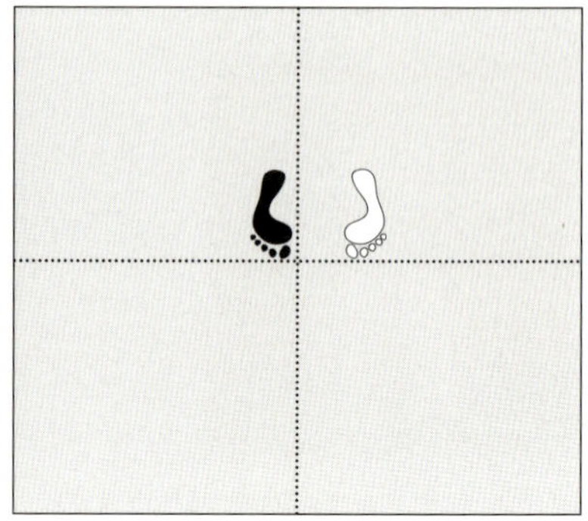

1. Bewegung

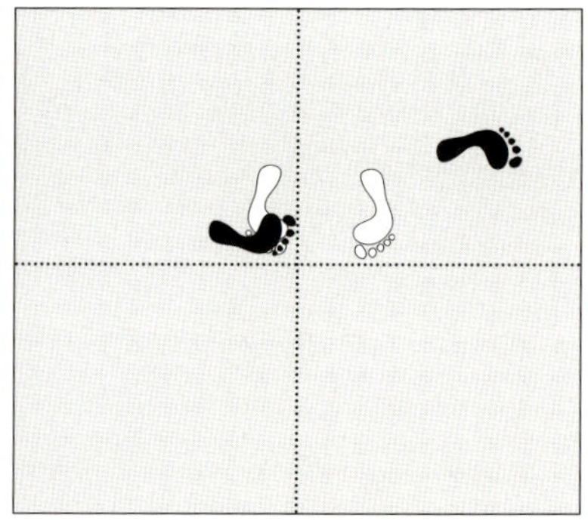

2. Bewegung

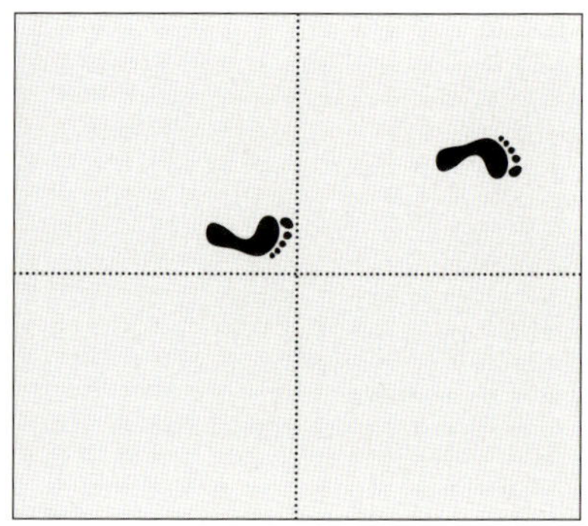

Zwischenbewegung

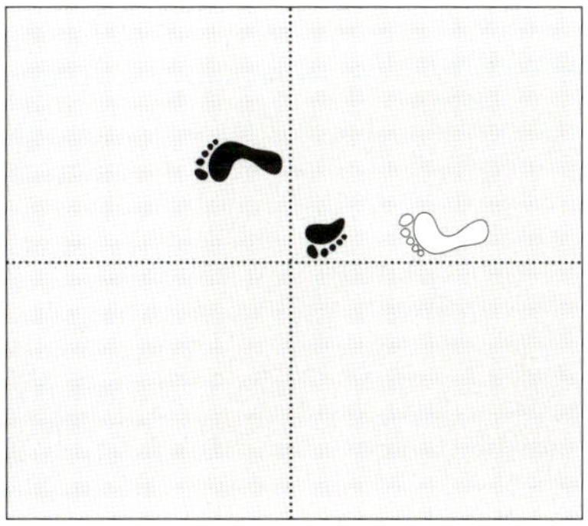

3. Bewegung

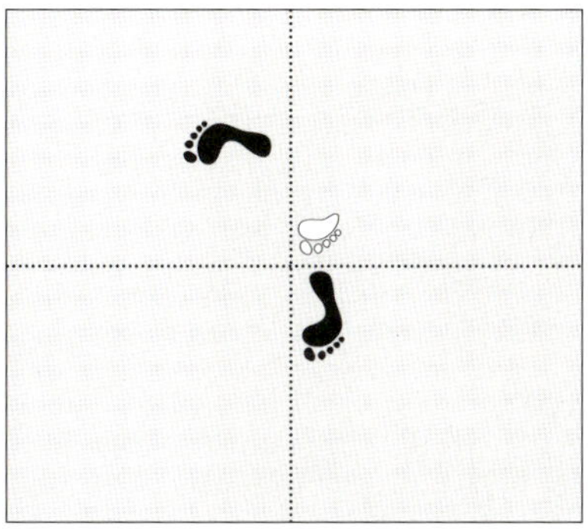

4. Bewegung

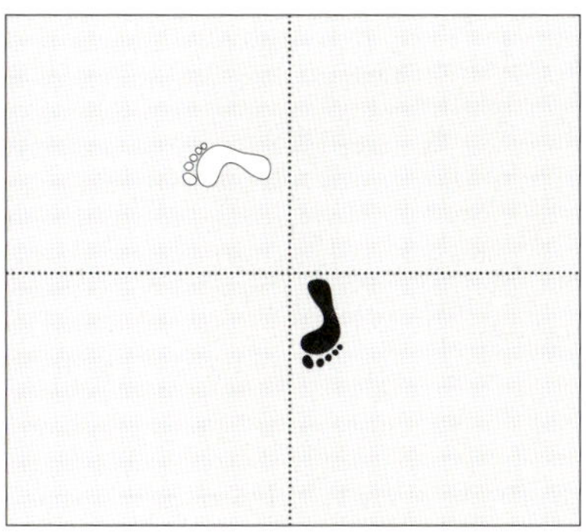

Zwischenbewegung

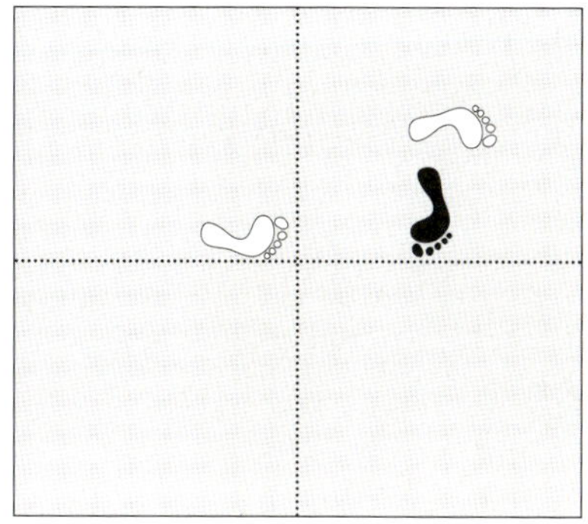

5. Bewegung

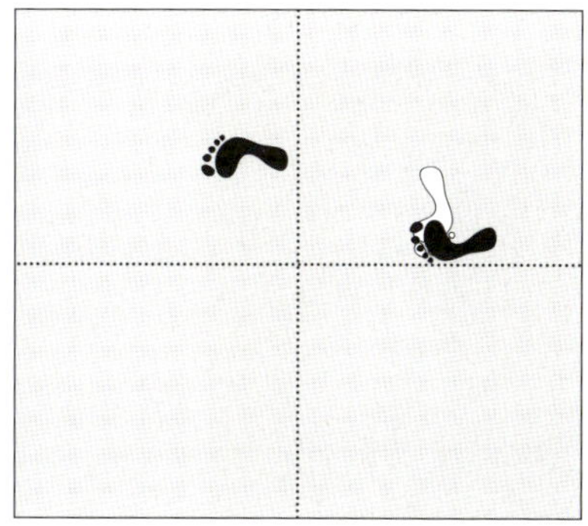

Zwischenbewegung

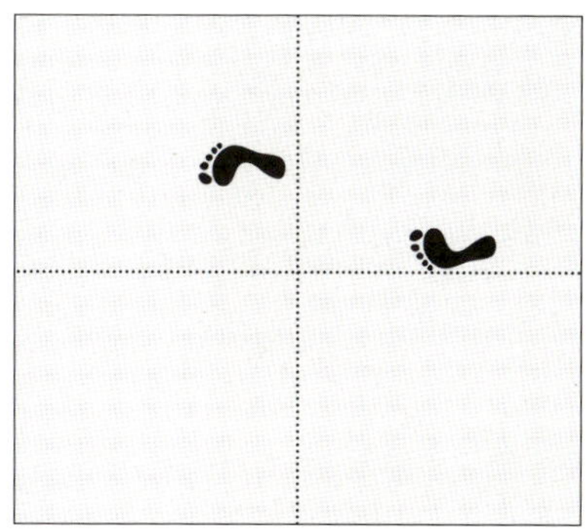

6. Bewegung

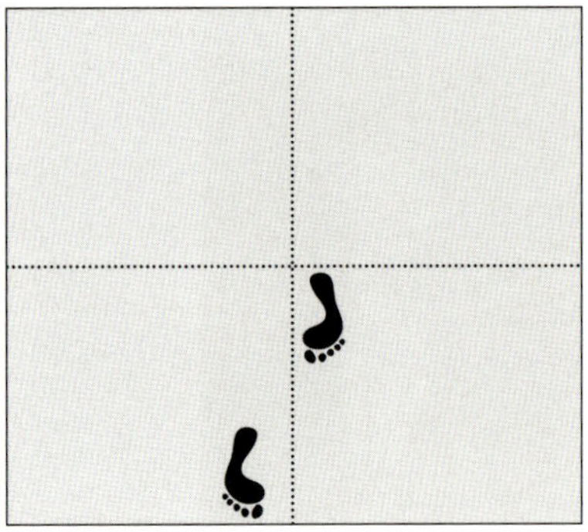

Zwischenbewegung 1

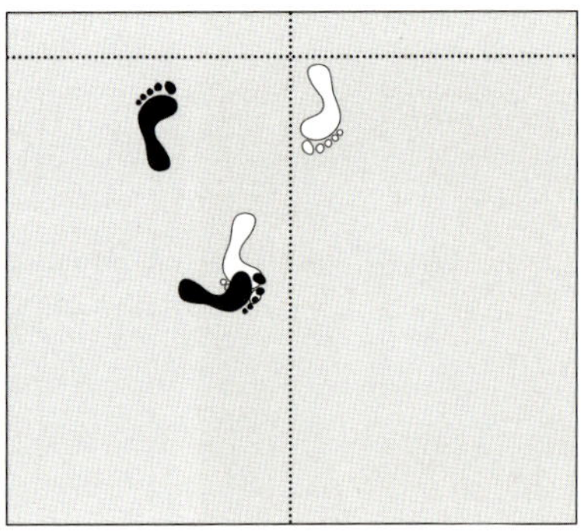

Zwischenbewegung 2

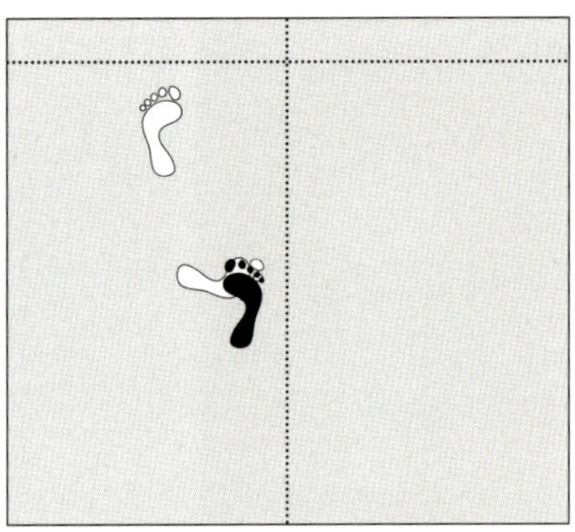

7. Bewegung

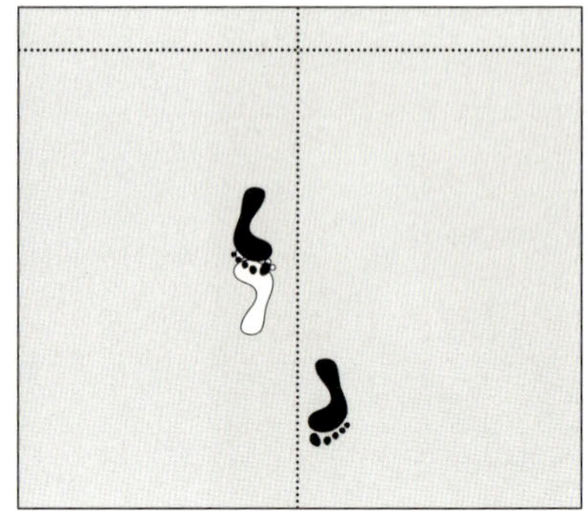

Zwischenbewegung

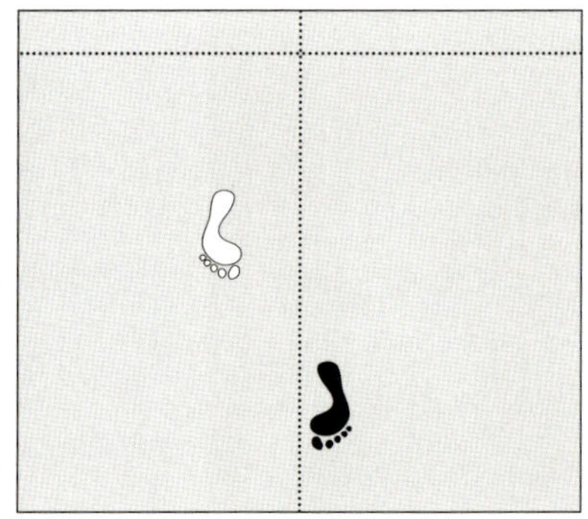

8. Bewegung

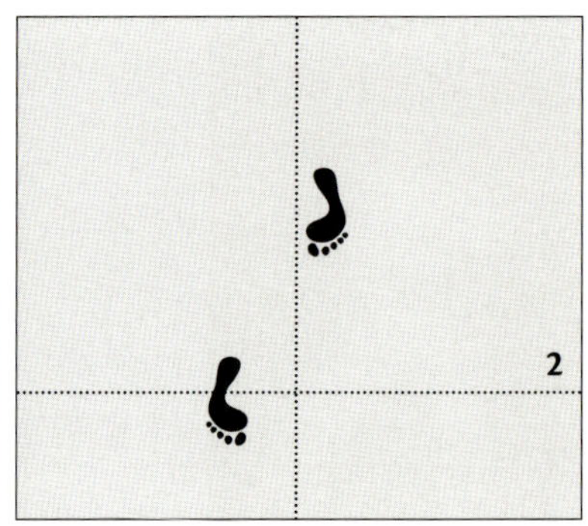

Zwischenbewegung

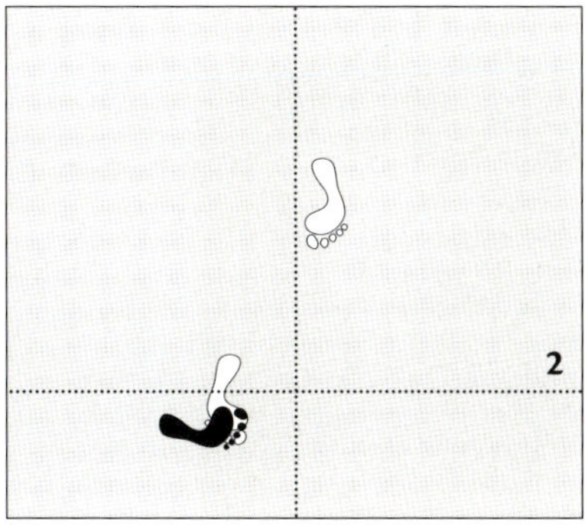

9. Bewegung

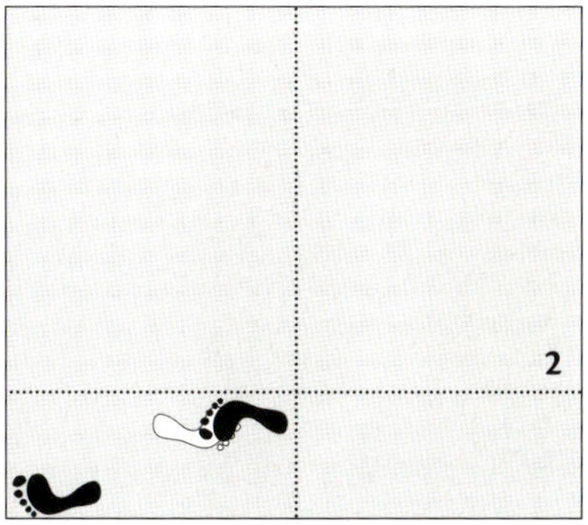

10. Bewegung

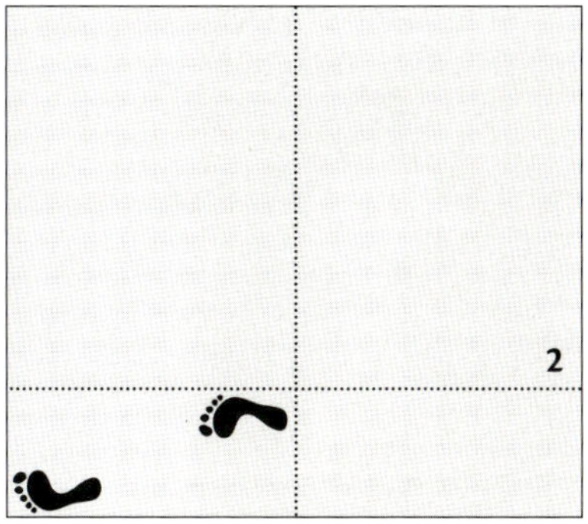

Zwischenbewegung

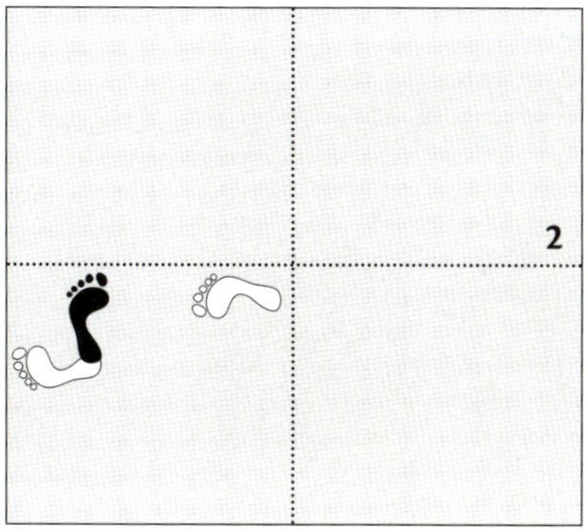

11. Bewegung

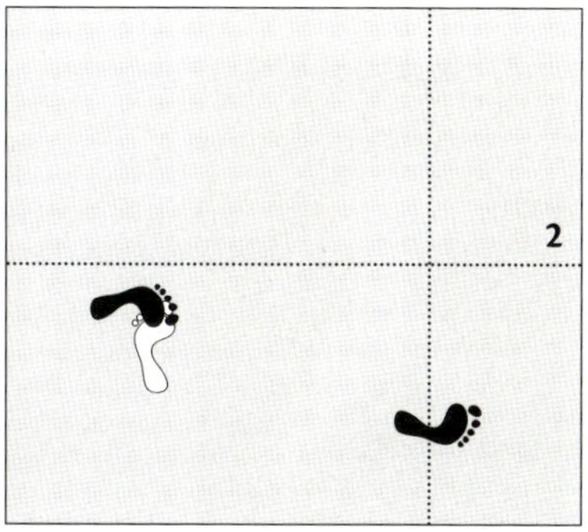

12. Bewegung

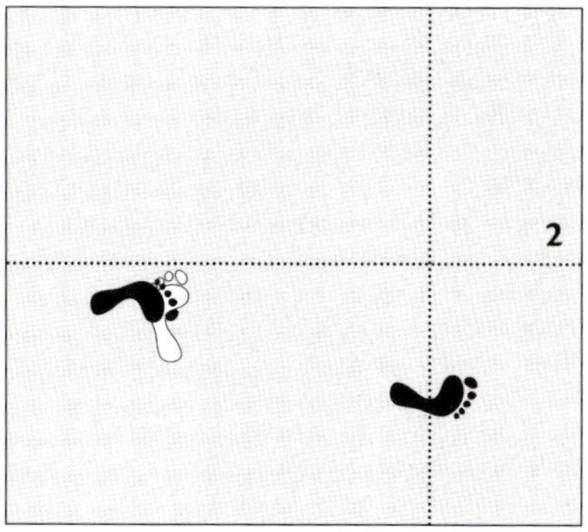

Zwischenbewegung

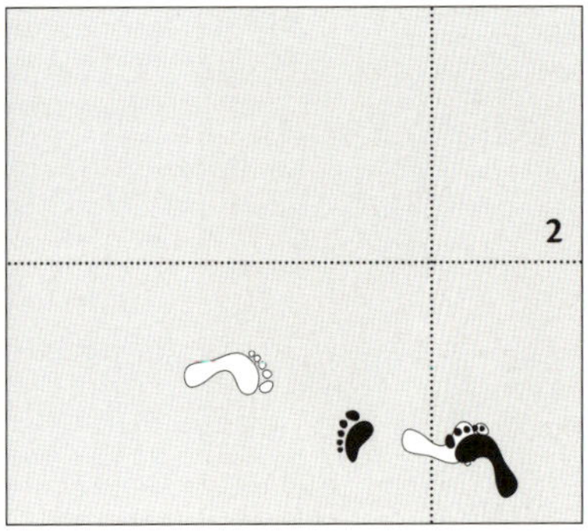

13. Bewegung

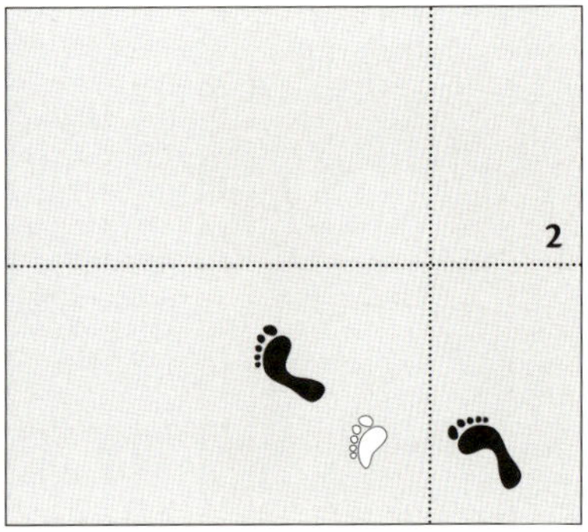

Zwischenbewegung

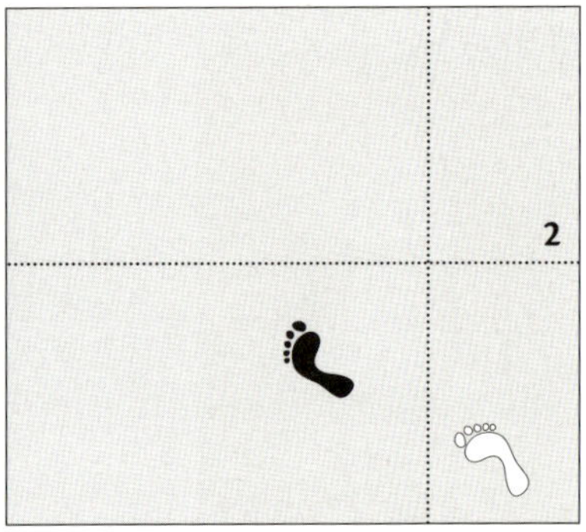

14. Bewegung

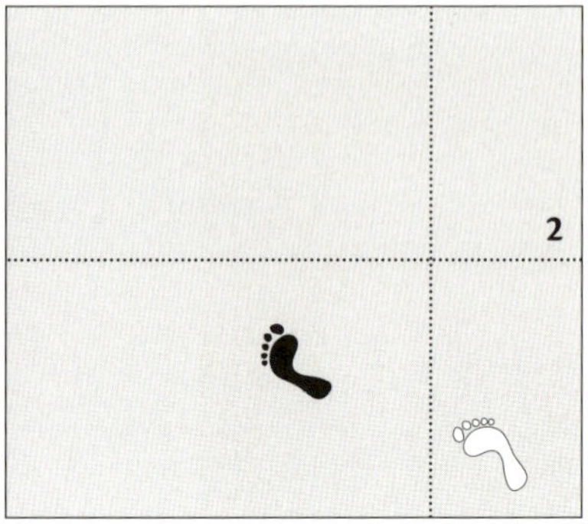

15. Bewegung

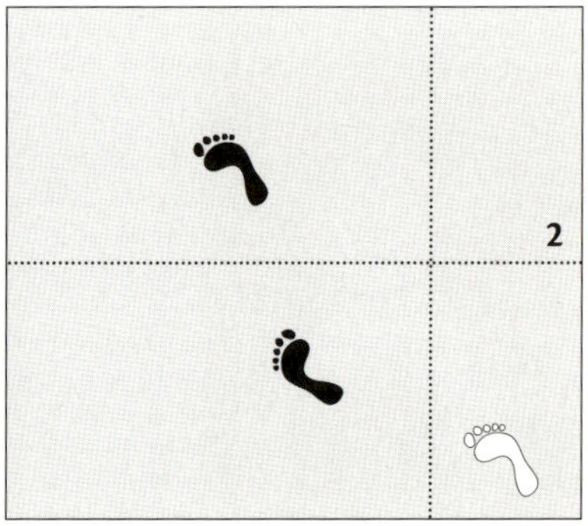

16. Bewegung

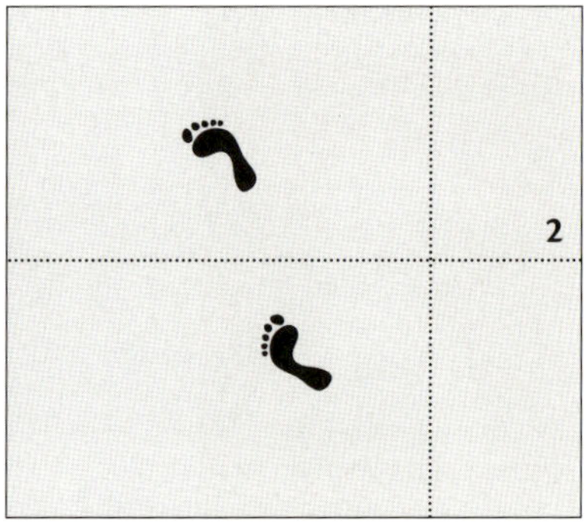

Zwischenbewegung

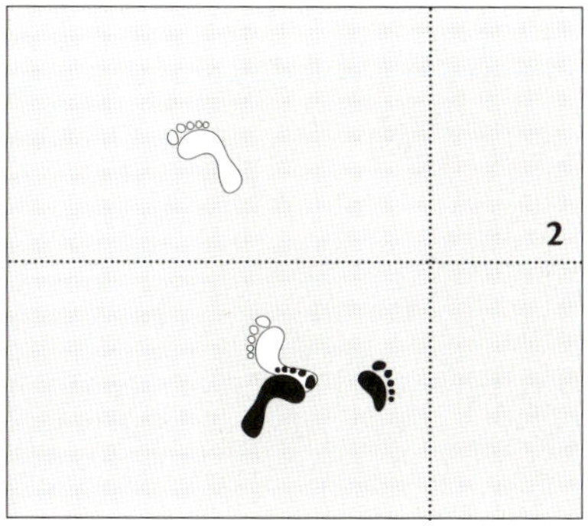

17. Bewegung

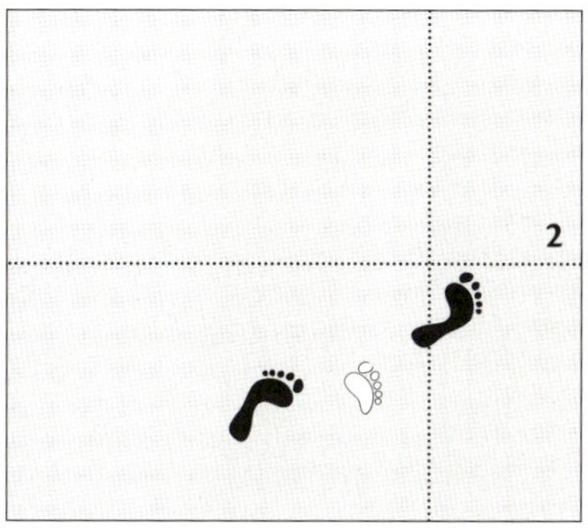

Zwischenbewegung

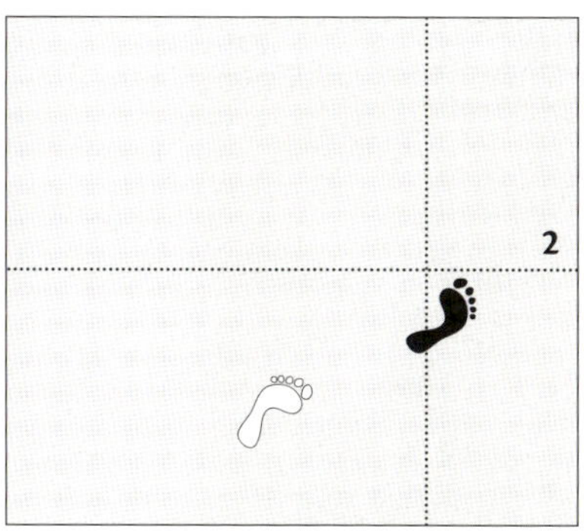

18. Bewegung

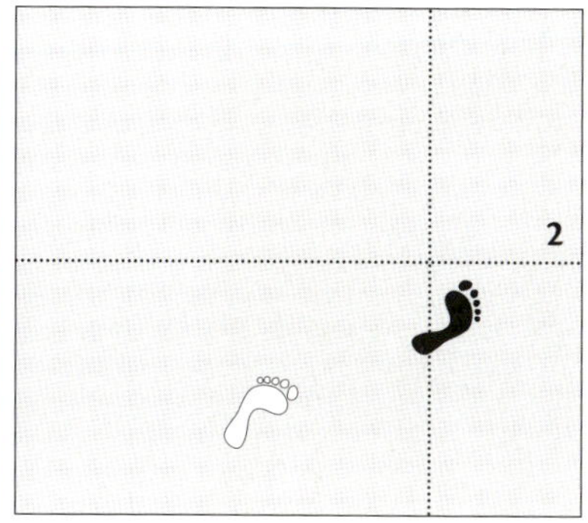

19. Bewegung

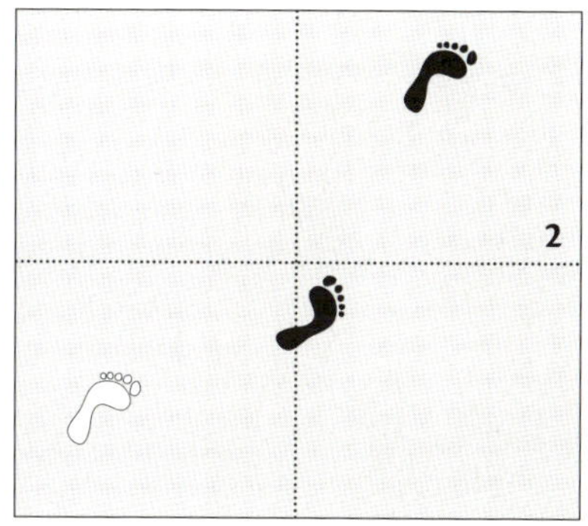

20. Bewegung

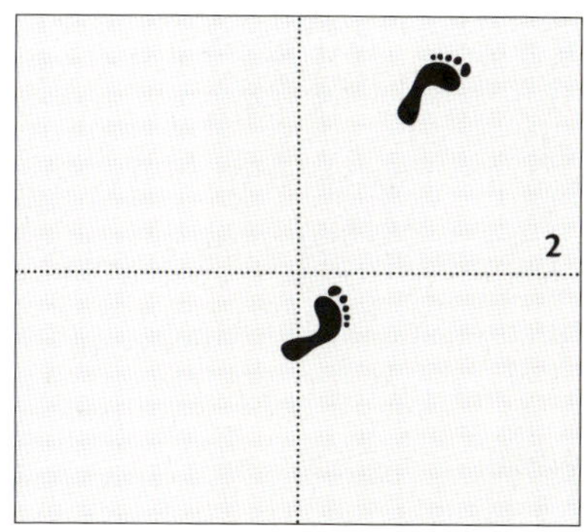

Zwischenbewegung

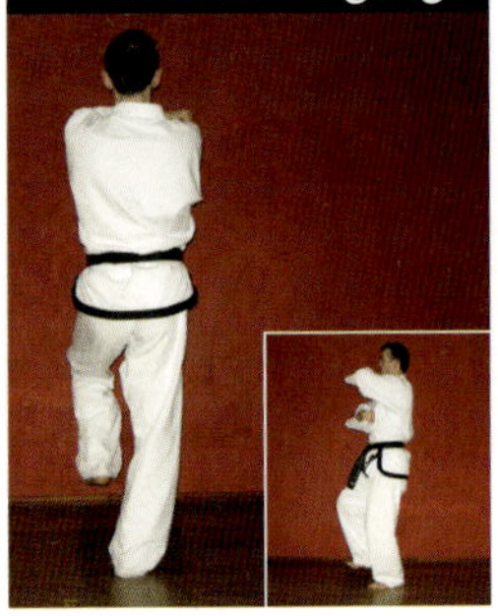

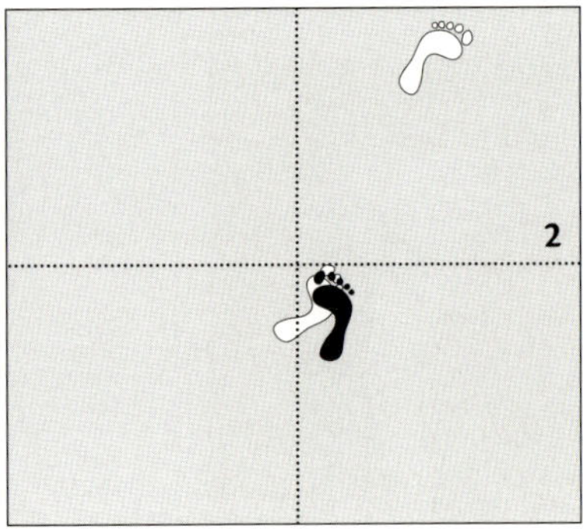

21. Bewegung

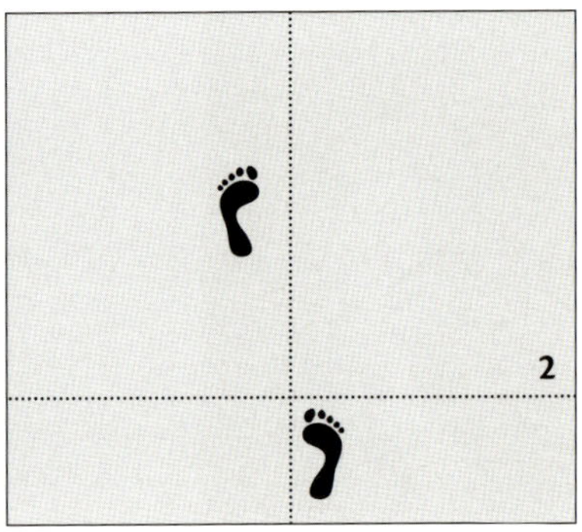

Zwischenbewegung

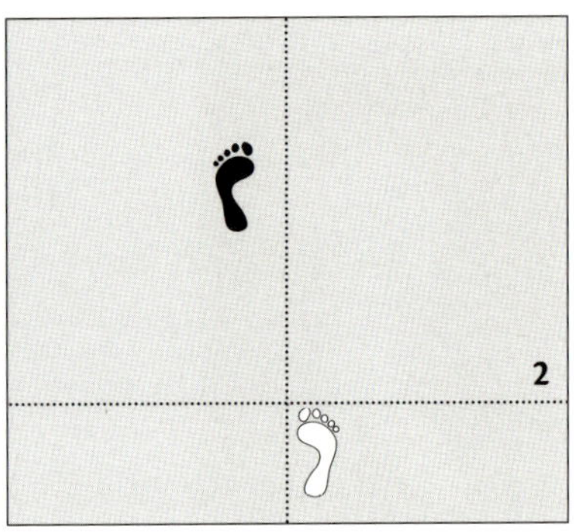

22. Bewegung

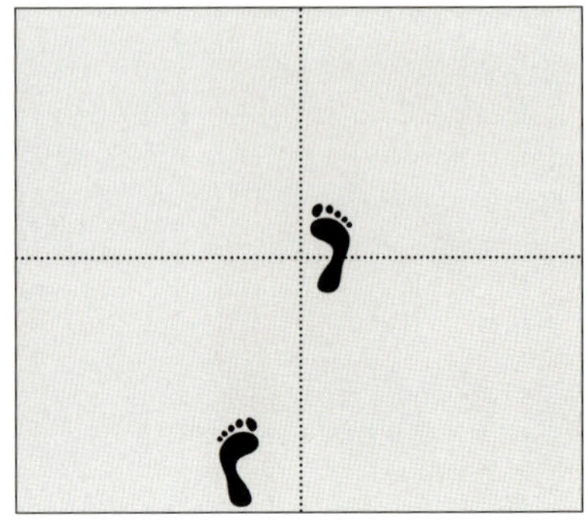

Zwischenbewegung

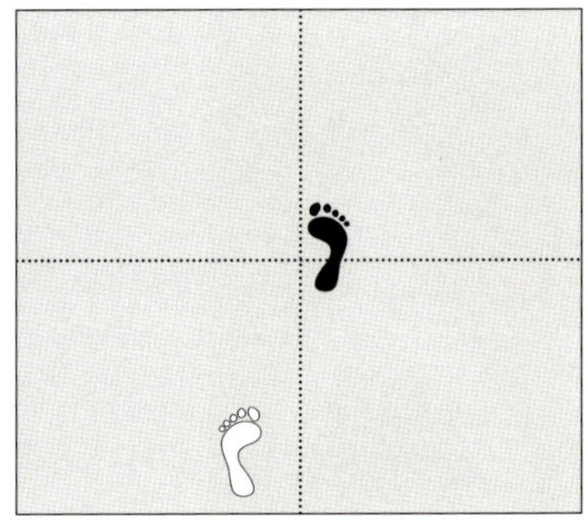

23. Bewegung

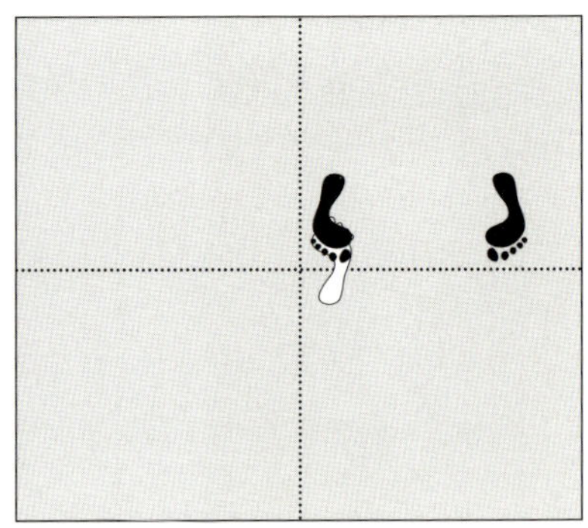

Zwischenbewegung

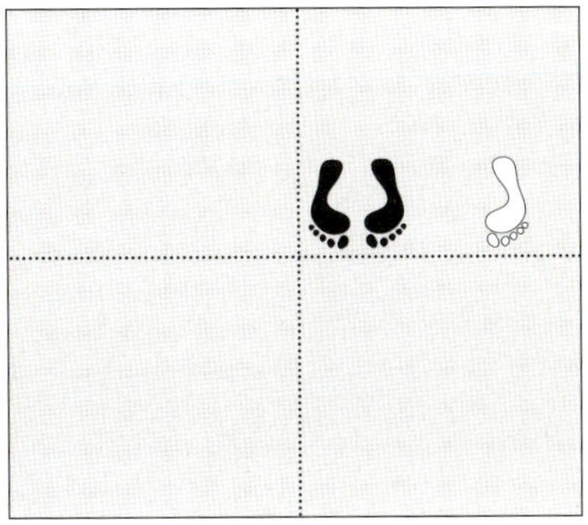

24. Bewegung

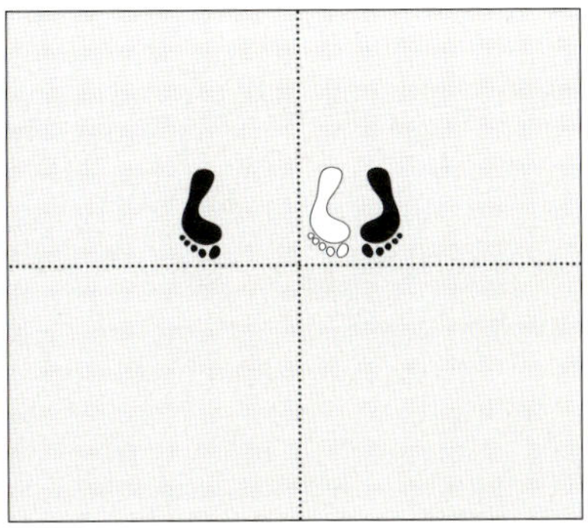

Zwischenbewegung

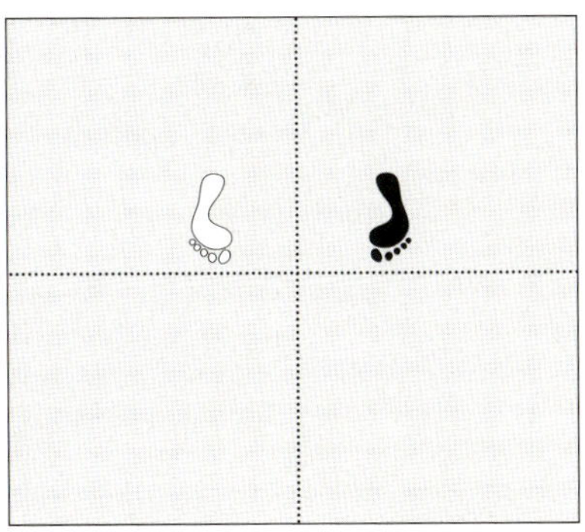

Ausgangssellung

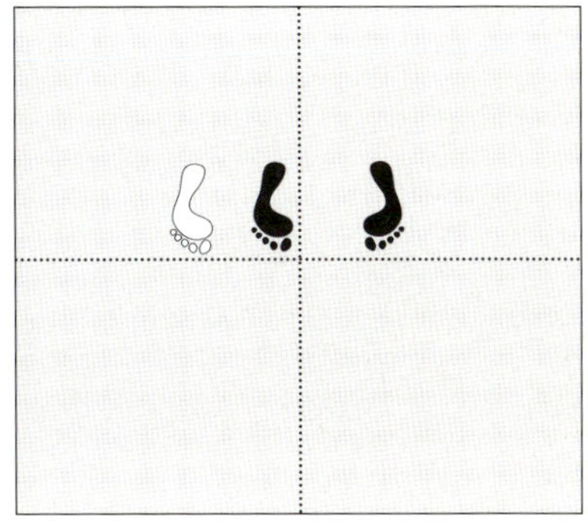

Zwischenbewegung

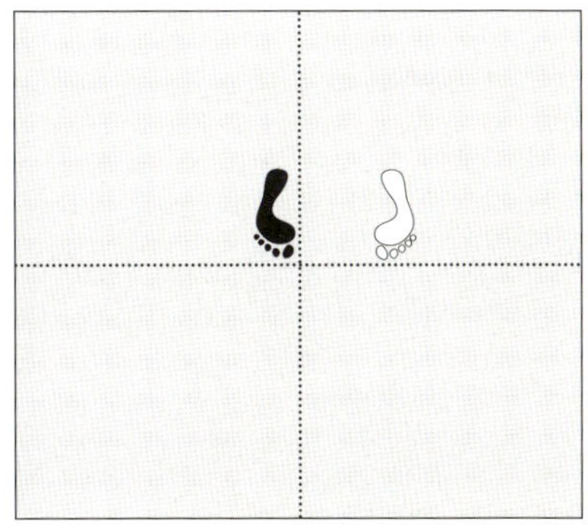

Endstellung

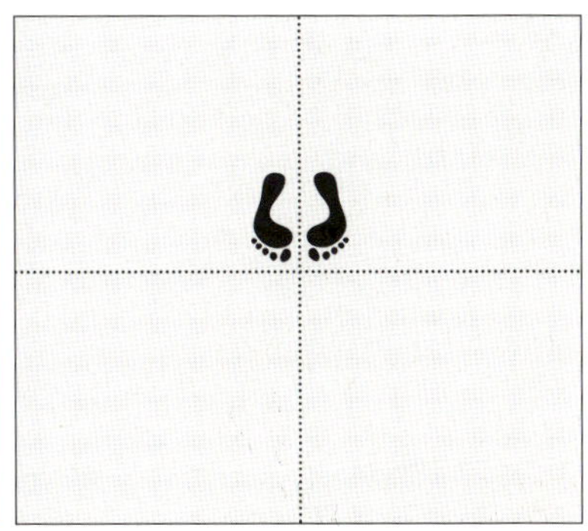

4 Won-Hyo Hyong

Zur vierten Hyong:

Das Diagramm

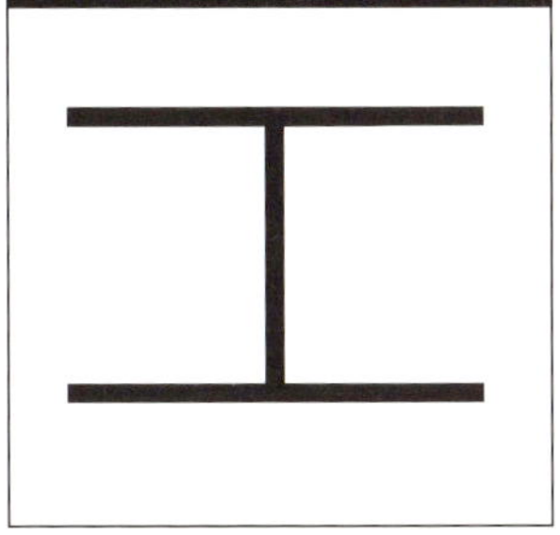

Die vierte Hyong ist der zweiten und dritten Form zwar ähnlich, aber es kommen doch etliche neue Techniken dazu: der Dytpal Sogi als Fußstellung; der sogenannte Yop Chagi („Seit-Kick"), eine Fußtritttechnik; die fließende Kombination aus Tief- und Mitteblock, wobei hier der Tiefblock „Anuro = nach innen" ausgeführt wird; eine Befreiungstechnik ist ebenfalls neu.

Die Hyong ist hierbei unter zwei Aspekten zu betrachten:

1. Als Bewegungskunst und Selbstverteidigung

Diese Hyong lässt wie auch schon in den ersten drei Hyongs auf jede Verteidigung sofort wieder einen Angriff folgen. Allerdings sind die imaginären Gegner in dieser Hyong hartnäckiger, da oft nicht mehr nur eine Verteidigungstechnik ausreicht, sondern Kombinationen und sogar Befreiungen angewendet werden müssen. Der Schüler lernt bei dieser Hyong, wie oben bereits erwähnt, zwei neue Verteidigungstechniken, eine neue Befreiungstechnik, einen neuen Fußtritt und eine neue Fußstellung. Das Diagramm ist wieder ein „quergestelltes H-Diagramm". Diese Form hat 28 Bewegungen.

2. Als Symbol

Won-Hyo (Bedeutung: Öffner des Buddhismus oder Öffner der Morgenstille) war ein bekannter buddhistischer Mönch aus den Jahren 617 – 686. Zur Zeit der Silla-Dynastie hat er die verschiedenen Glaubensrichtungen des Buddhismus (eingeführt durch Bodhidharma im Jahre 372 n. Chr.) in Korea wieder vereinheitlicht und somit auch dem einfachen Volke nähergebracht. Er gilt als Begründer des Buddhismus in Korea.

Stellungen

1. Moa Sogi

Gewicht: 50 % beide

2. Narani Chunbi Sogi

Gewicht: 50 % beide

3. Chongul Sogi

Gewicht: 70 % vorne

4. Hugul Sogi

Gewicht: 70 % hinten

5. Dytpal Sogi

Gewicht: 95 % hinten

6. Hugul Sogi verlängert

Gewicht: 50 % beide

Verteidigung

1. Doppelblock (4 x)

Ssang Pakkat Palmok Makki in Hugul Sogi

2. Mitteblock geschlossen (1 x)

Chungdan Pakkat Palmok Makki in Dytpal Sogi

Ausholphase:

Die, von der Hüfte aus, untere Handfläche (für die später daraus entstehende obere Blockhand) zeigt nach oben; die, von der Hüfte aus, obere Handfläche (für den später daraus entstehende seitlichen Kopfschutz) zeigt nach hinten.

Zwischenphase:

Fäuste verlaufen schräg nach oben über den Solarplexus; Handgelenksdrehung erfolgt sehr spät (dadurch erhöhte Muskelenergie).

Endphase:

Tiefer Stand; Ellbogen des oberen Arm ist maximal hochgestreckt und der Unterarm 15° abgeschrägt; Handgelenke sind gerade.

Abwehr gegen:

Würgeangriff oder 2 Angriffe (einmal Richtung Scheitel von oben, einmal Richtung Gesicht von vorne)

Aushol- und Zwischenphase:

Hände sind geschlossen; beide Hände bewegen sich gleichzeitig in Blockrichtung.

Endphase:

Vorderes Bein ist angezogen, um dem Gegner Distanz zu vermitteln (optische Täuschung); beide Beine sind gebeugt; Unterarmblockhand ist senkrecht ausgerichtet.

3. Mitteblock offen mit spezieller Ausholphase (3 x)
Chungdan Sudo Taebi Makki in Hugul Sogi

Aushol- und Zwischenphase:
Hände sind offen; hintere Hand (Schwunghand) zeigt weg vom Gegner; vordere Hand (Blockhand) zeigt zur Wange; beide Extremitäten werden während dieser Verteidigung parallel bewegt; die Finger sind gestreckt und zusammen; Ausholbewegung könnte auch als Blockbewegung nach hinten dienen; Bein wird mit dem Block gesetzt (Krafterhöhung).

Endphase:
Die offenen Hände bieten nach der Abwehr eine Option zum Greifen. Für den Gegner ist die hintere Schulter nicht sichtbar.

4. Zirkelblock (unten + Mitte) (2 x)
Chungdan An Palmok Tollymio Makki in Chongul Sogi

Ausholphase:
Beide Arme verlaufen parallel zum Boden und sind ganz gestreckt. Mit dieser Ausholung könnten 2 Gegner jeweils vorne und hinten auf Distanz gehalten werden.

Blockphase 1:
Blockarm geht nach unten und verteidigt mit der Unterarminnenseite; gleichzeitig schützt der andere Unterarm den Solarplexus-Halsbereich mit einem 90° abgewinkelten Ellbogen.

Blockphase 2:
Danach erfolgt ein Mitteblock (siehe 1. Hyong) nur in Chongul und mit dem hinteren Arm ausgeführt; Block nur bis Schulterhöhe hinüberziehen und auf Augenhöhe weit nach vorne (etwas mehr als 90° Ellbogenwinkel).

Fauststoß

Fauststoß

5. Mitteblock geschlossen mit Solarplexusschutz (2 x)
Chungdan Pakkat Palmok Taebi Makki in Hugul Sogi

Aushol- und Zwischenphase:

Hände sind geschlossen; beide Hände bewegen sich gleichzeitig in Blockrichtung; genauso schreitet der dem Gegner zugewandte Fuß in Blockrichtung (= komplette Energiefokussierung in Blockrichtung).

Endphase:

Beide Beine sind gebeugt; Unterarmblockhand ist senkrecht ausgerichtet; hintere Hand schützt (= Taebi) den Solarplexus.

Angriff

Lange Faust

1. Langer Fauststoß (4 x)
Chungdan Pandae Chirugi in Kojong Sogi

1. Lange Faust:

Gewichtverteilung 50 %. Schlagziel: kurze Rippen; Achselhöhle

Seitkick (Yop Chagi)

Fußstellung

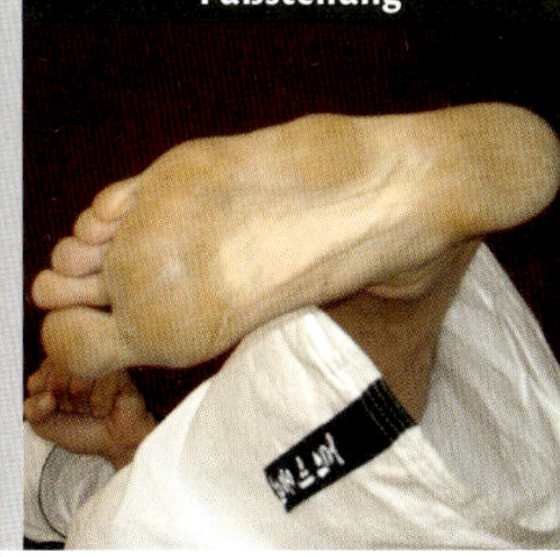

2. Seitkick
Yop Chagi

2. Seitkick:

Kampfstellung beibehalten; Zehen und Sprunggelenk zurückgezogen; Fußrist quer; Standbein schräg nach hinten gedreht (besserer Stand, besseres Gleichgewichtsverhalten, bessere Hüftbeweglichkeit).

Aushol- + Zwischenphase

Endphase

3. Fingerspitze in Kehle oder Solarplexus (1 x)

Chungdan Chong-kwansu Paro Tulki in Chongul Sogi

Aushol- und Zwischenphase:

Knie des Schrittbeins wird leicht angezogen; beide Ellbogen sind maximal hinter den Körper zurückgezogen; Handfläche zeigt als geballte Faust noch oben (dadurch wird Körperspannung erzeugt).

Endphase:

Die hintere Hand blockt einen Angriff zum Gesicht bzw. schützt den Ellbogen vor einem Angriff von unten; die Fingerspitze trifft geradlinig (Stich) Solarplexus oder Kehle; Schutzhand mit 2 Handbreiten Abstand vom Ellbogen (Abstand dient als „Airbag" bei eventuellem Angriff auf den Ellbogen).

Fauststoß

4. Fauststoß Solarplexus (2 x)

Chungdan Pandae Chirugi in Chongul Sogi

Frontkick (Ap-Chagi)

5. Ap Chagi Solarplexus oder Kinnspitze (2 x)

Chungdan Ap Chagi

Befreiungstechnik

1. Handkantenblock umgedreht (4 x)
Chungdan Sudo Anuro Taerigi in Hugul Sogi

Angriffsphase des Gegners:

Der Faustangriff zum Gesicht wird geblockt, die Hand des Gegners gleitet daraufhin zurück und fasst das Handgelenk des Akteurs.

Befreiungsphase:

Die gegriffene Hand wird mit einer Drehbewegung nach innen zurückgezogen und schützt daraufhin den Solarplexus (Gegenbewegung 3. Newtonsches Gesetz); gleichzeitig wird das Gewicht nach hinten verlagert und die obere Hand – geöffnet als Handkante – auf das Daumengrundgelenke des Gegners geschlagen.

Vorbereitung

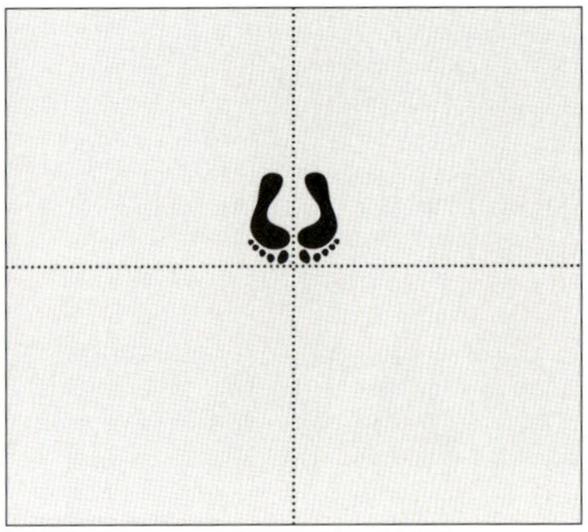

Zwischenbewegung

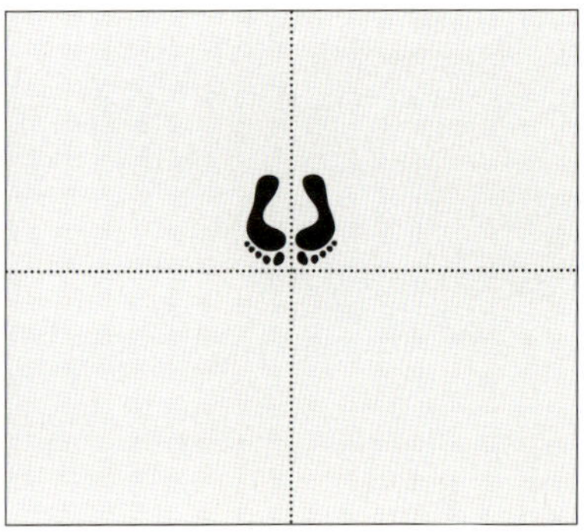

Ausgangsstellung

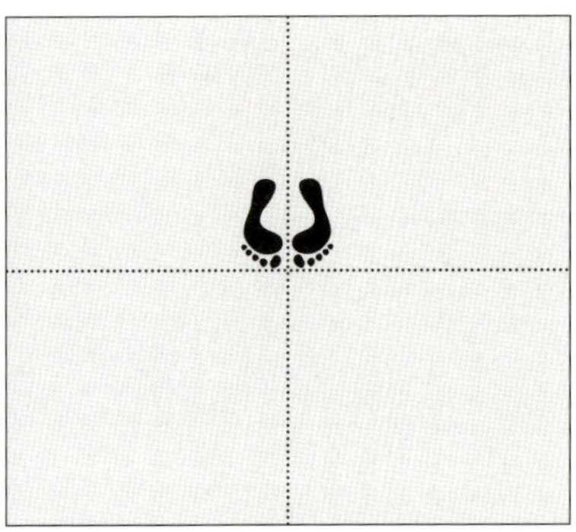

Zwischenbewegung

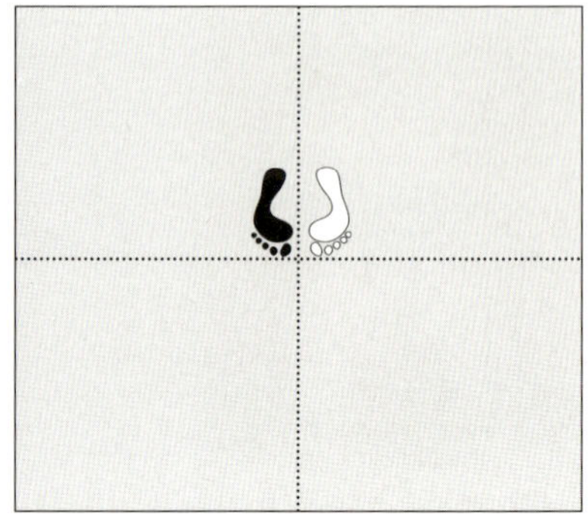

1. Bewegung

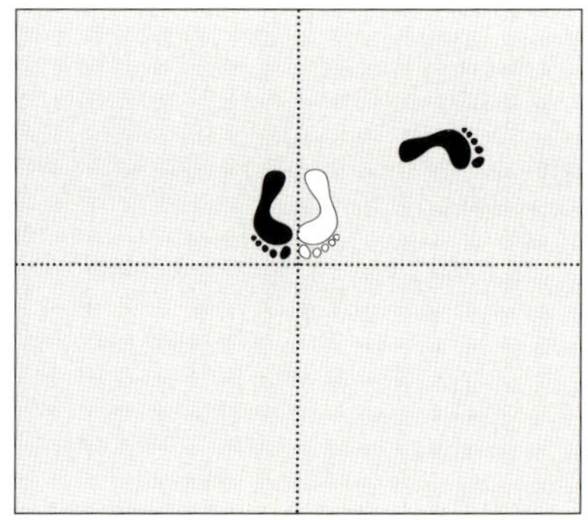

2. Bewegung

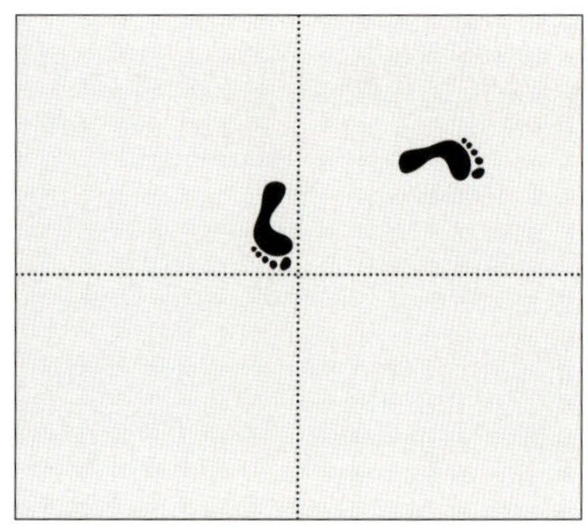

4. Bewegung

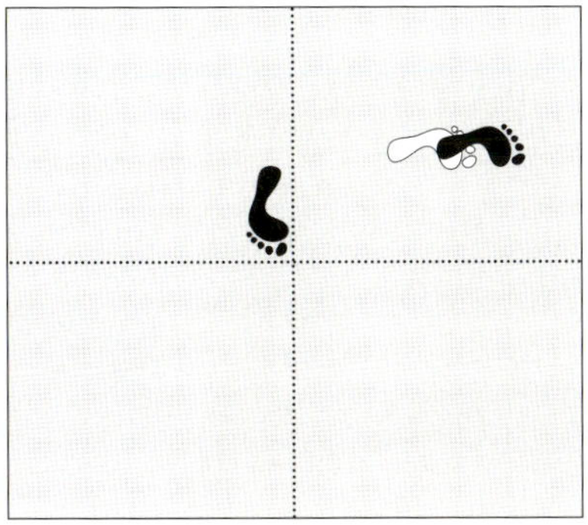

Zwischenbewegung 1

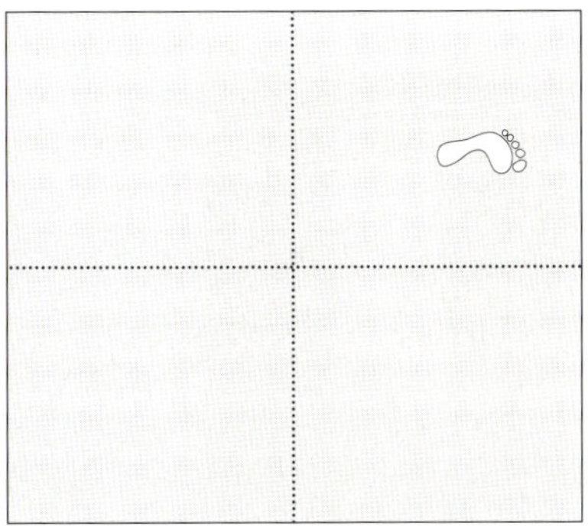

Zwischenbewegung 2

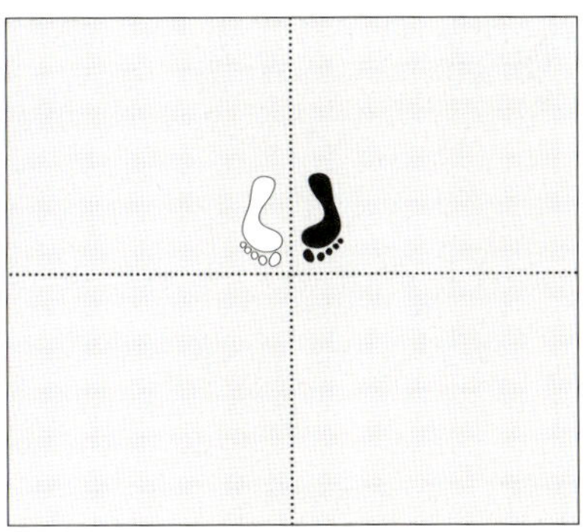

4. Bewegung

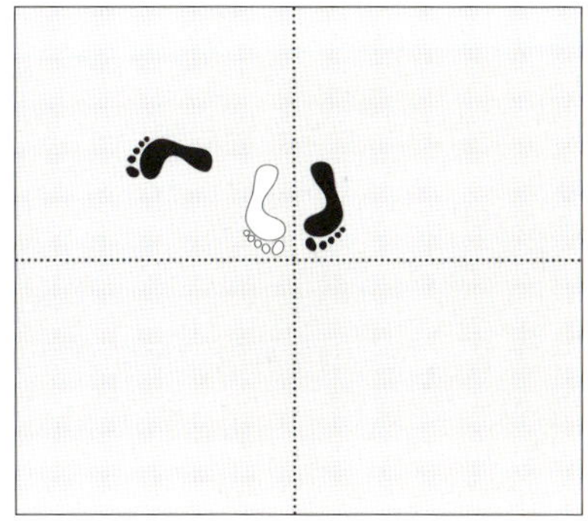

5. Bewegung

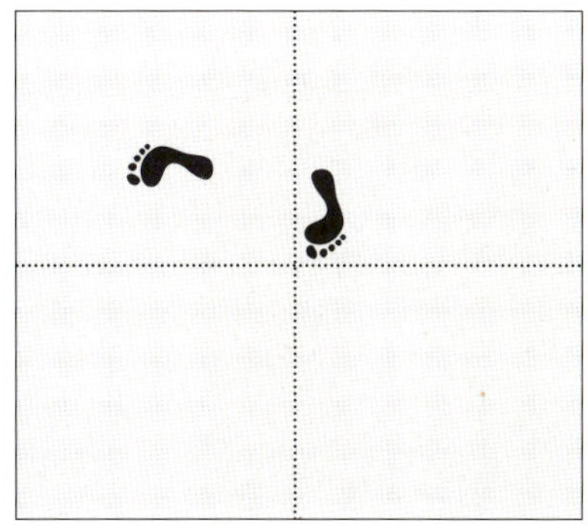

6. Bewegung

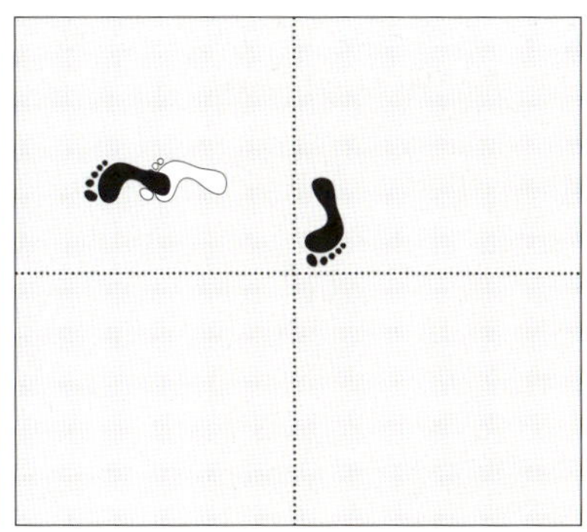

Zwischenbewegung 1

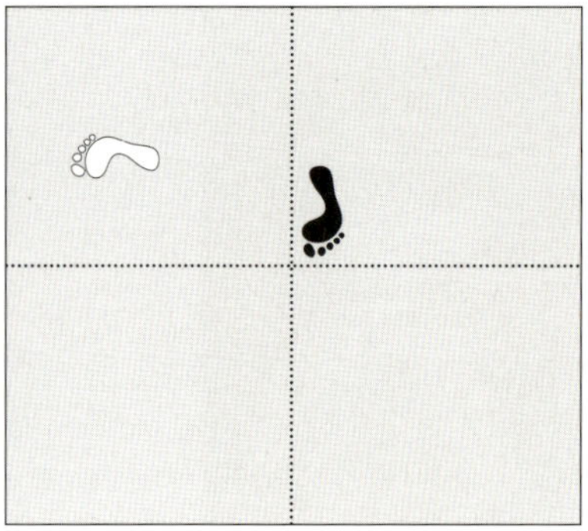

Zwischenbewegung 2

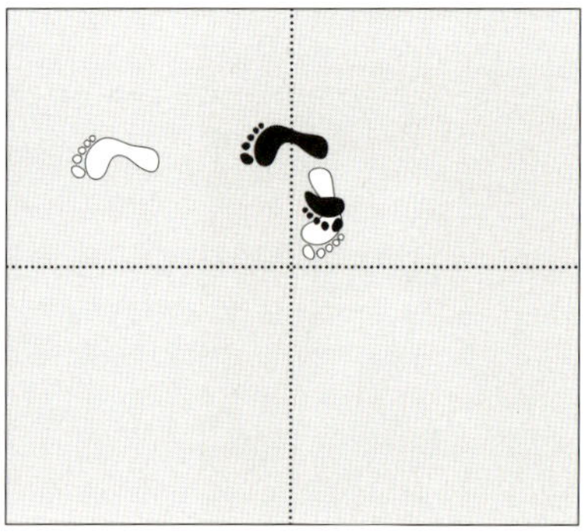

Zwischenbewegung 3

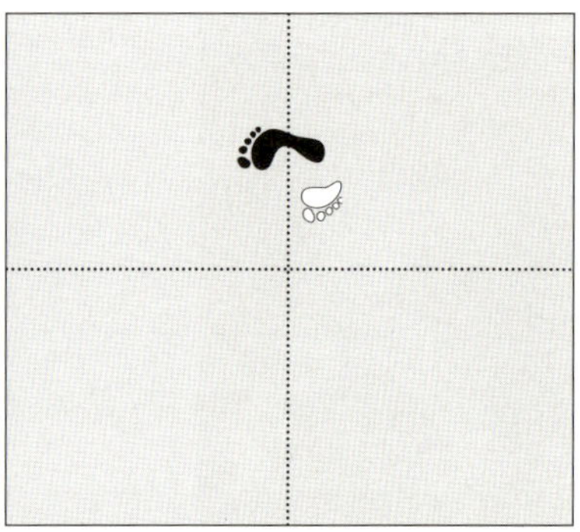

7. Bewegung

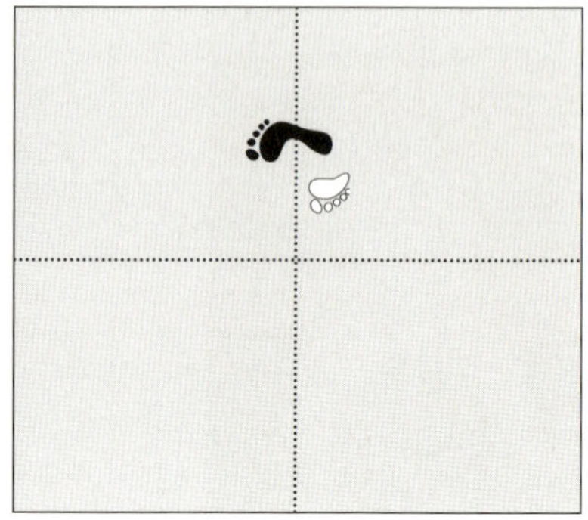

Zwischenbewegung

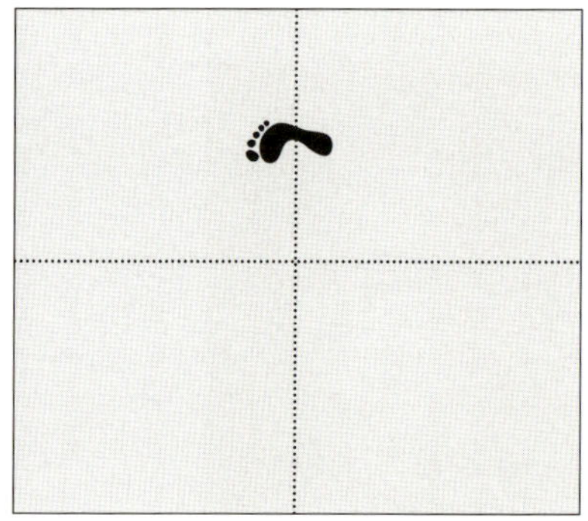

8. Bewegung

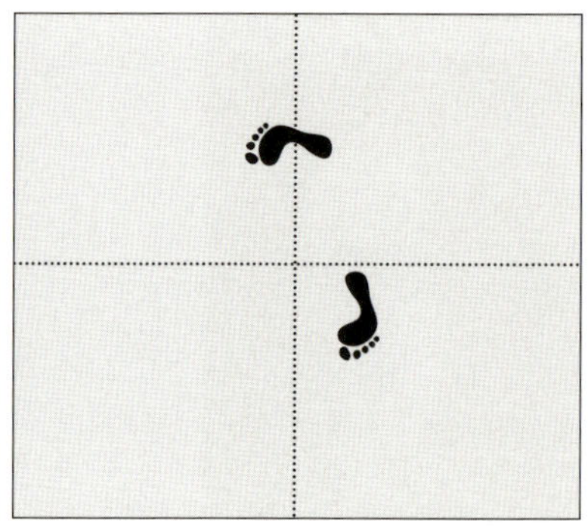

Zwischenbewegung

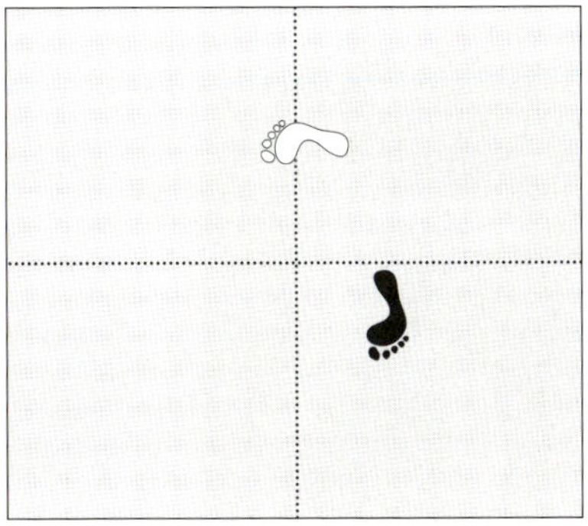

9. Bewegung

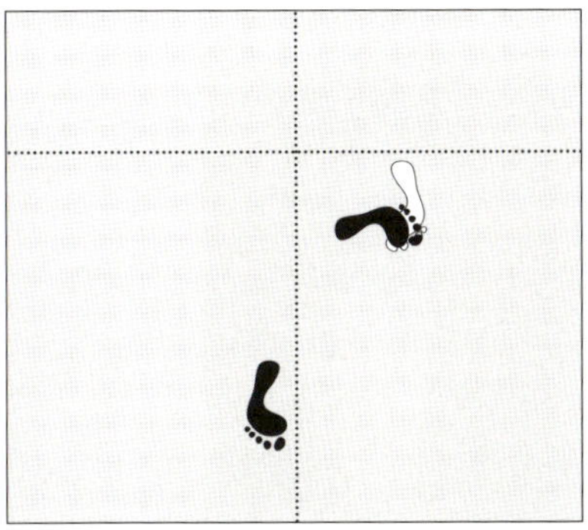

Zwischenbewegung

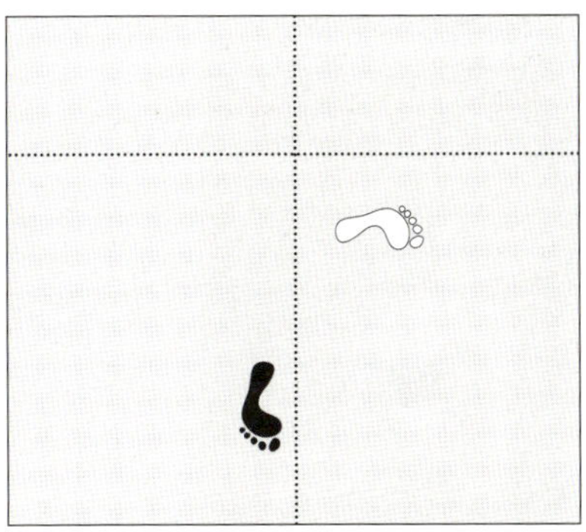

10. Bewegung

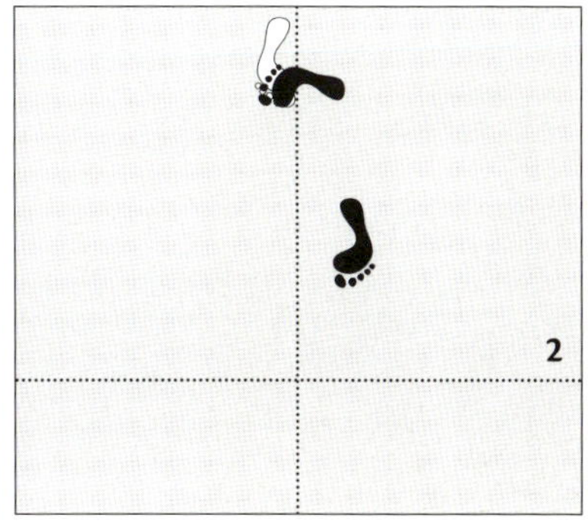

Zwischenbewegung

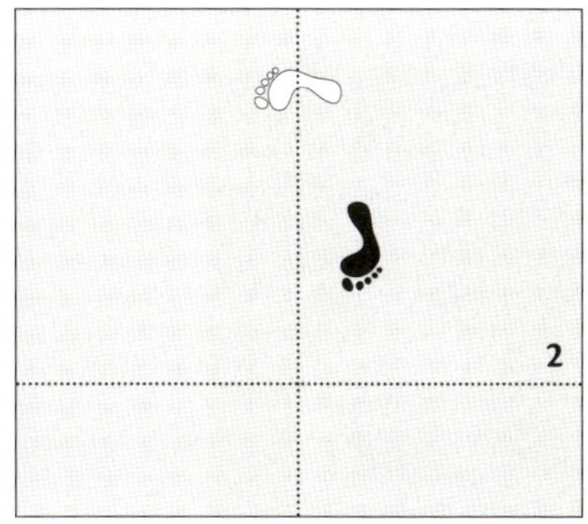

11. Bewegung

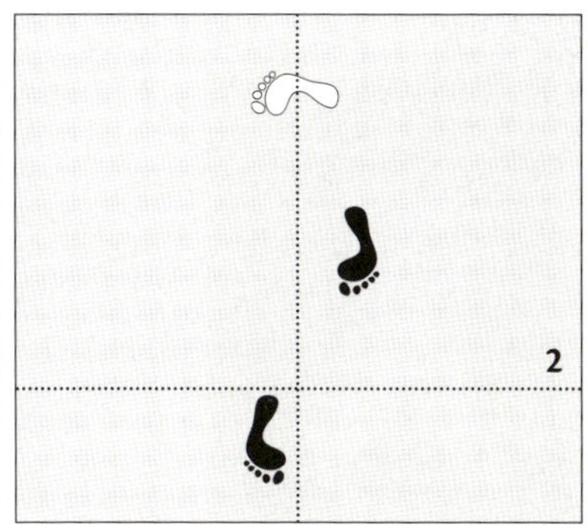

Zwischenbewegung

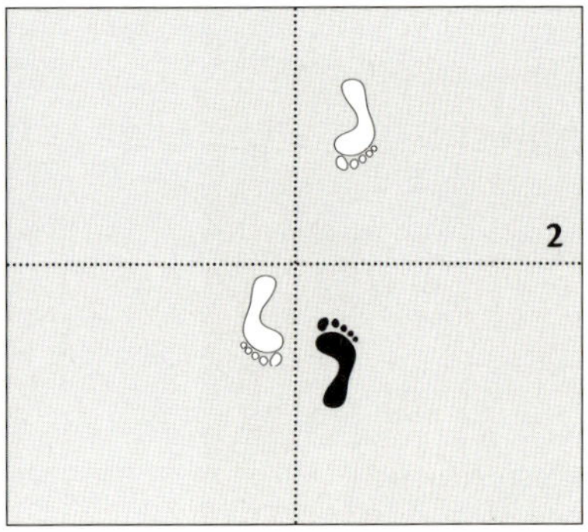

12. Bewegung

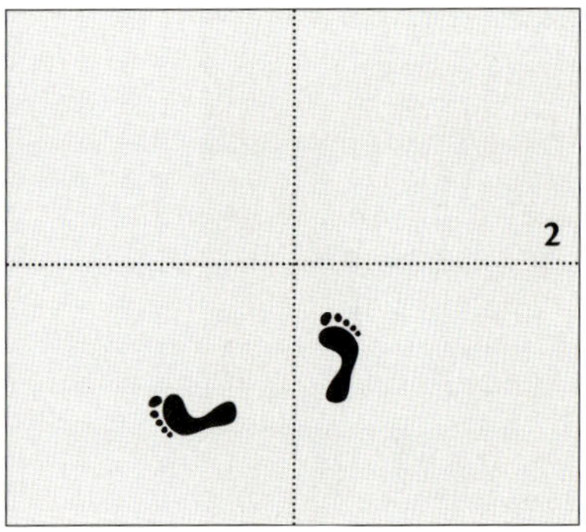

13. Bewegung

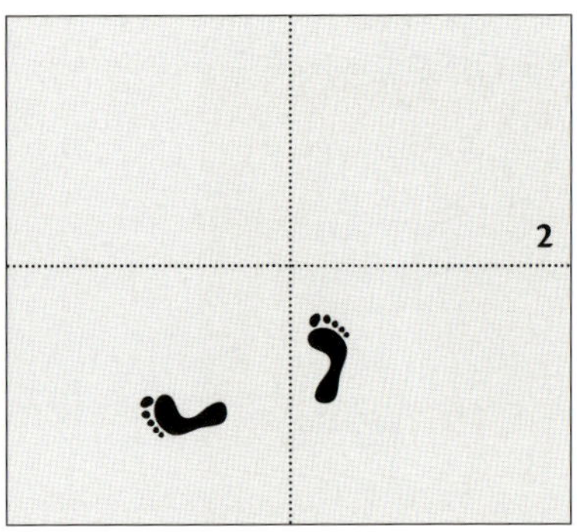

14. Bewegung

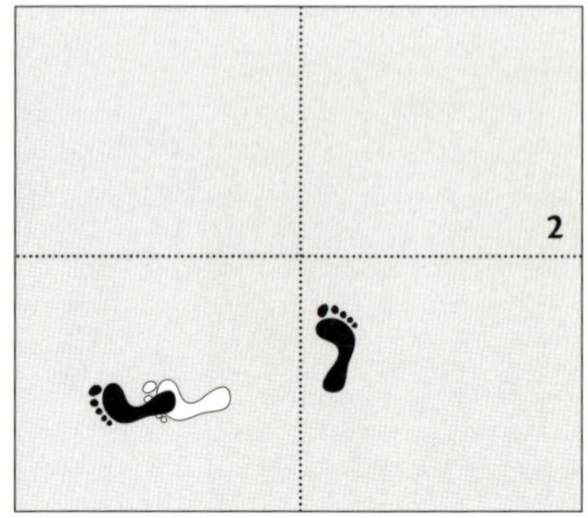

Zwischenbewegung 1

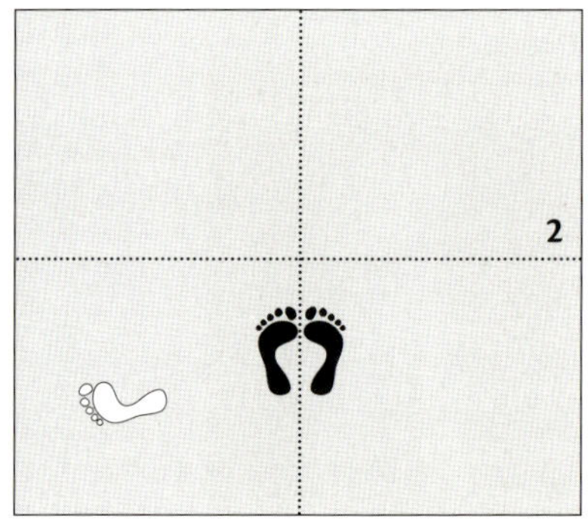

Zwischenbewegung 2

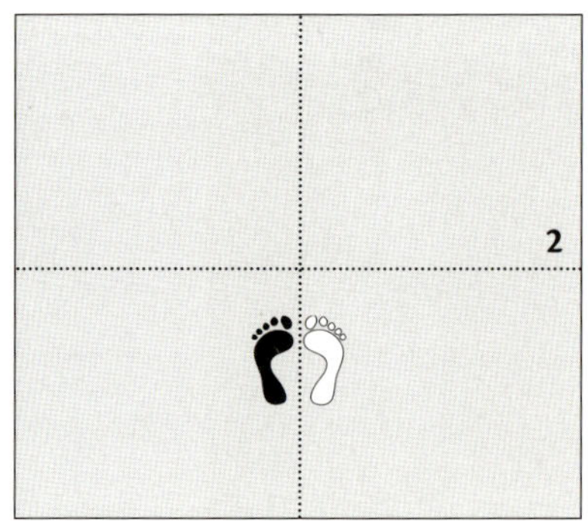

15. Bewegung

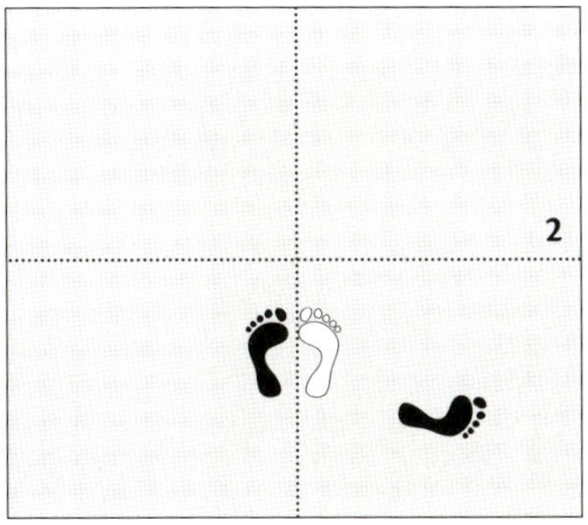

16. Bewegung

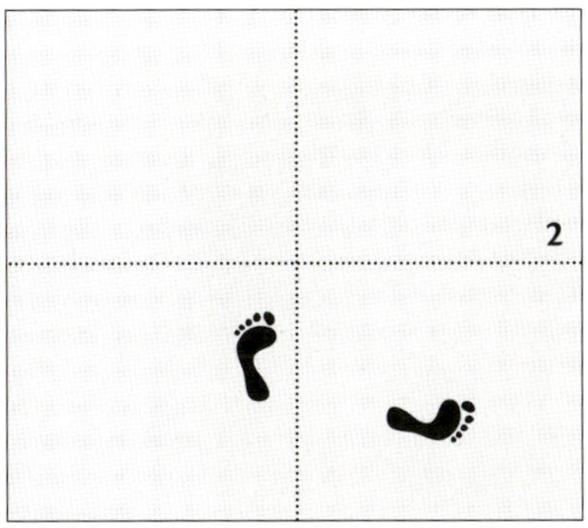

Zwischenbewegung

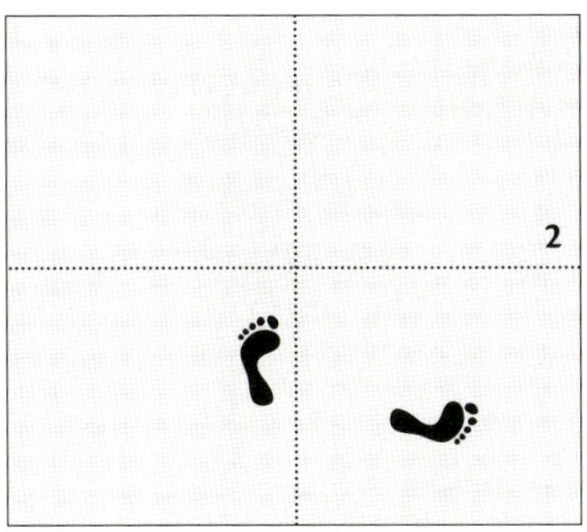

17. Bewegung

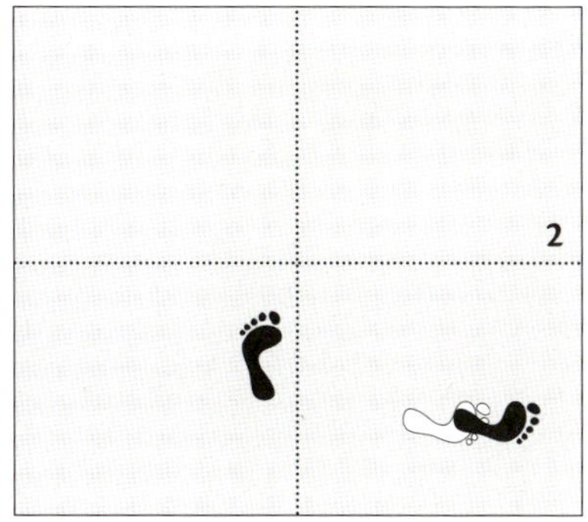

Zwischenbewegung 1

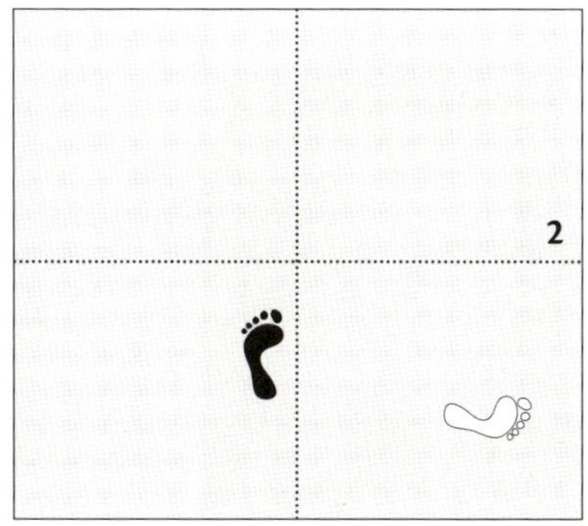

Zwischenbewegung 2

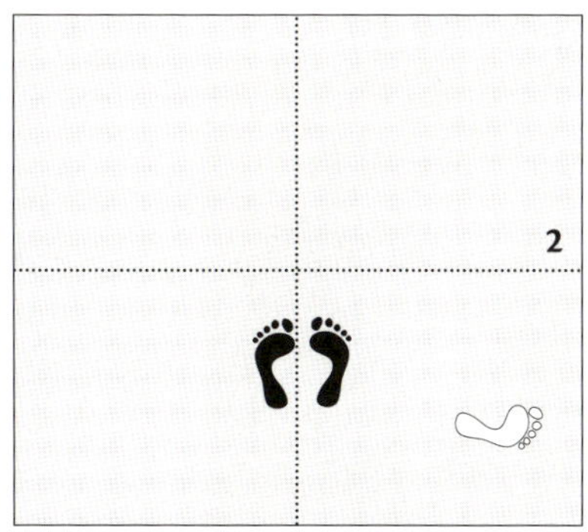

Zwischenbewegung 3

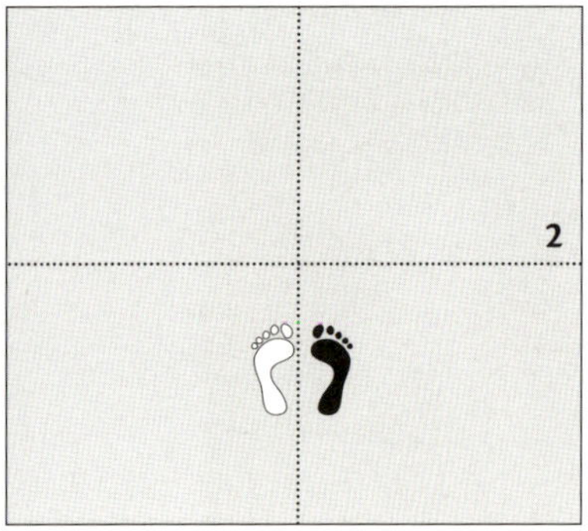

Zwischenbewegung 4

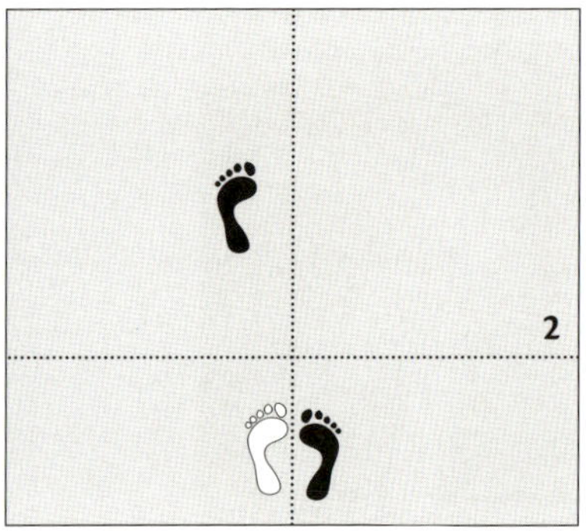

18. Bewegung

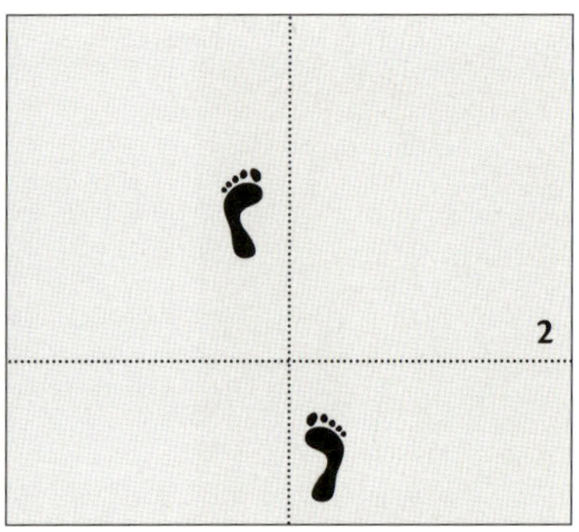

19. Bewegung

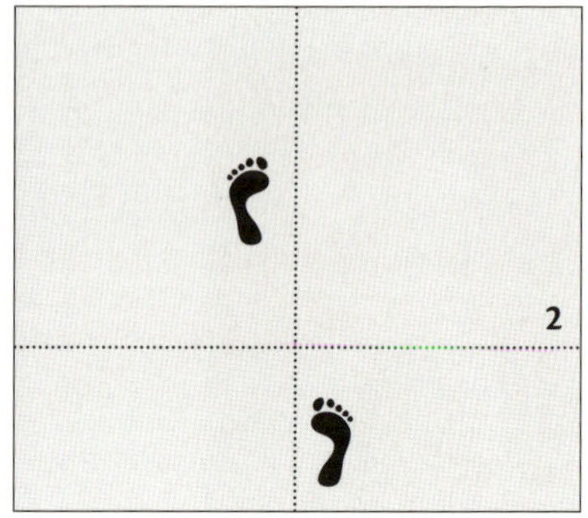

20. Bewegung

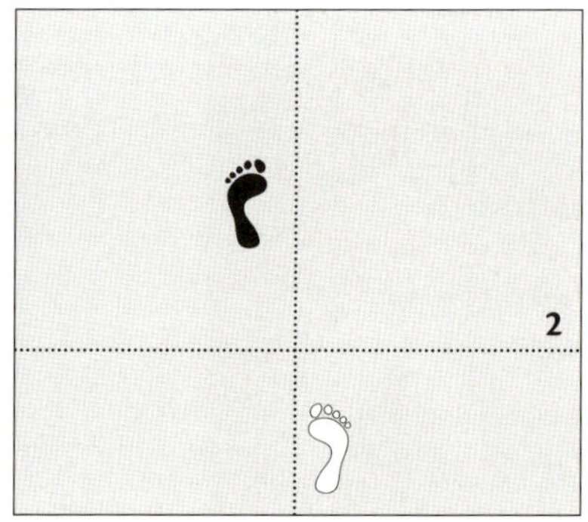

21. Bewegung

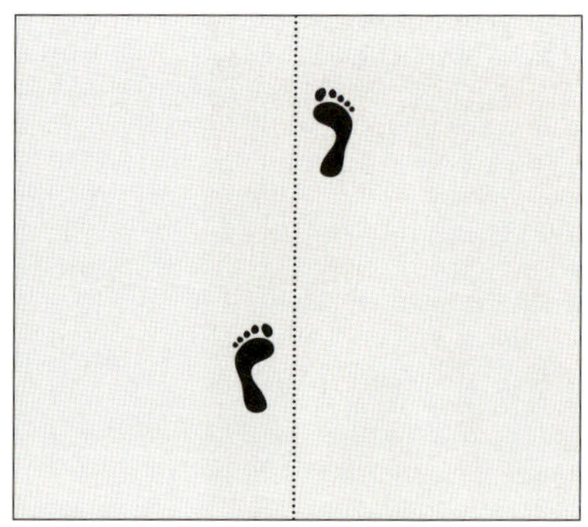

Zwischenbewegung

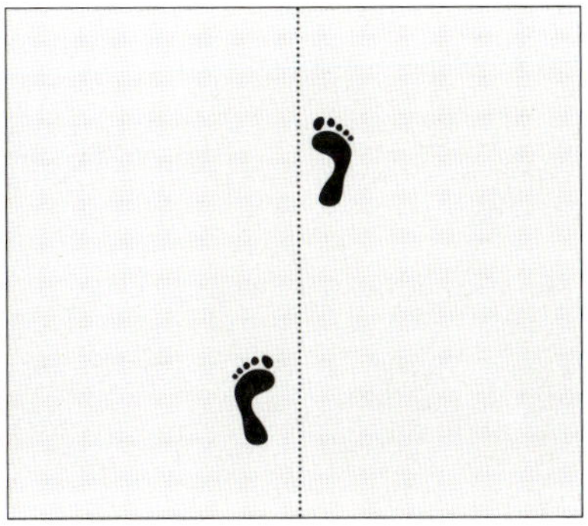

22. Bewegung

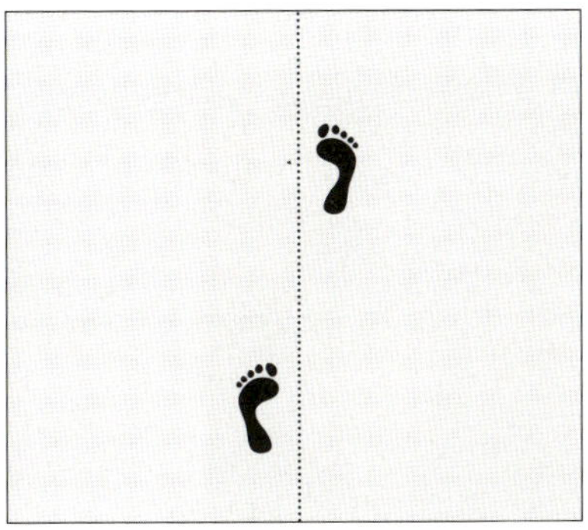

23. Bewegung

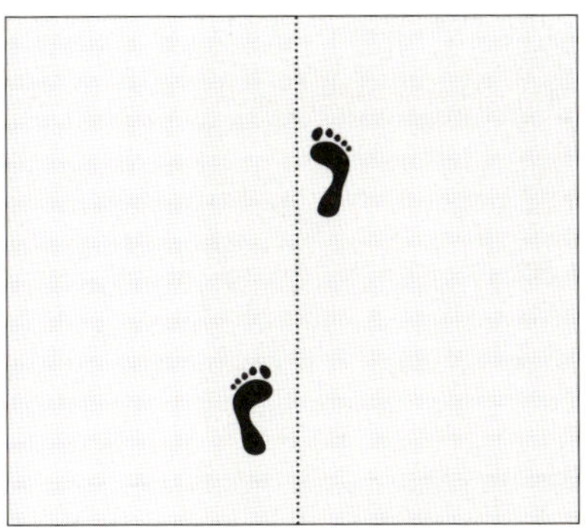

24. Bewegung

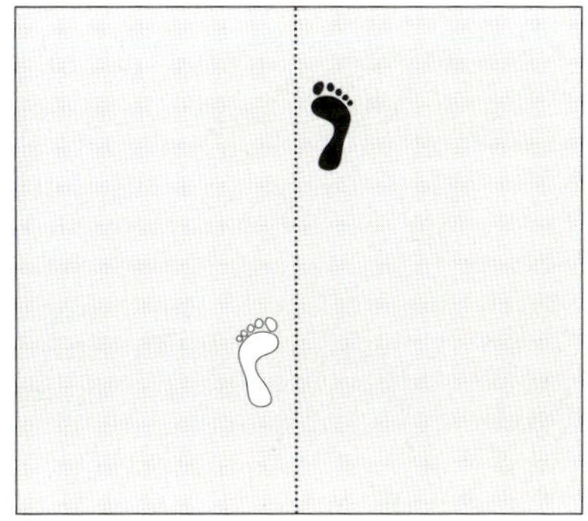

25. Bewegung

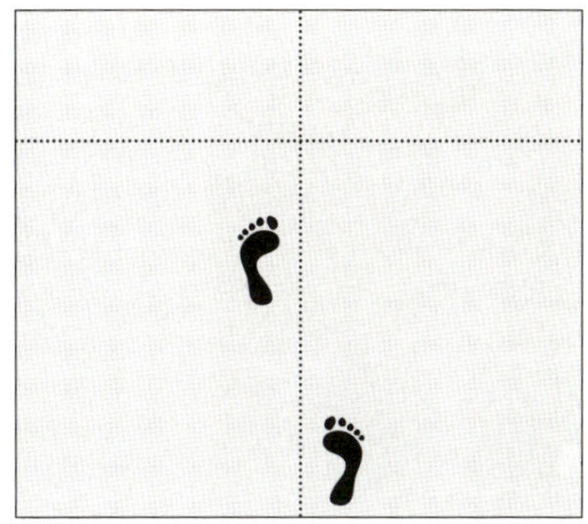

Zwischenbewegung

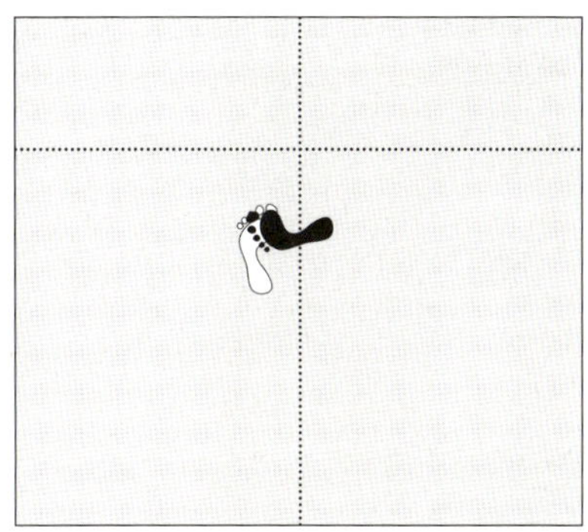

26. Bewegung

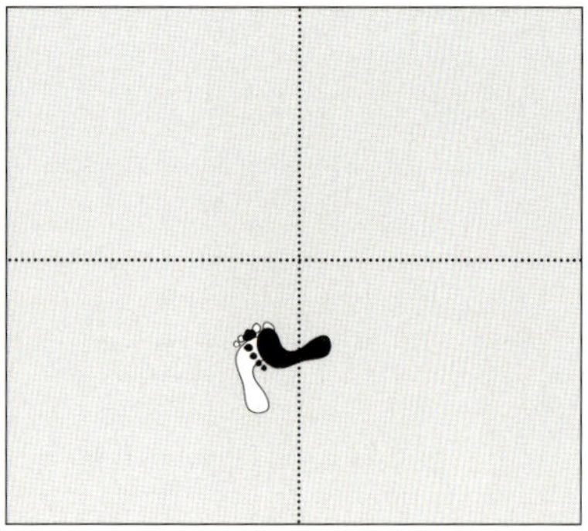

Zwischenbewegung 1

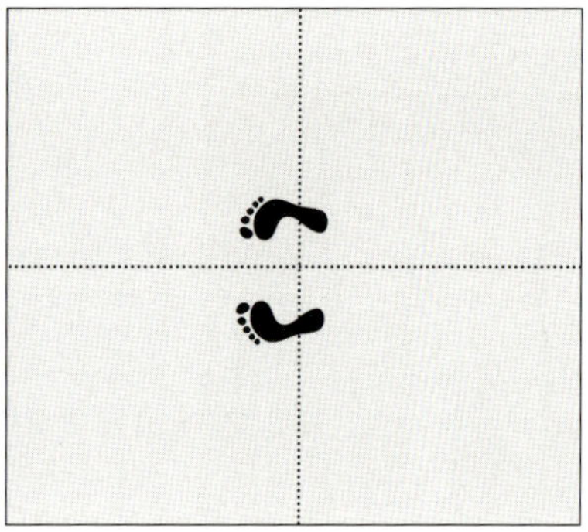

Zwischenbewegung 2

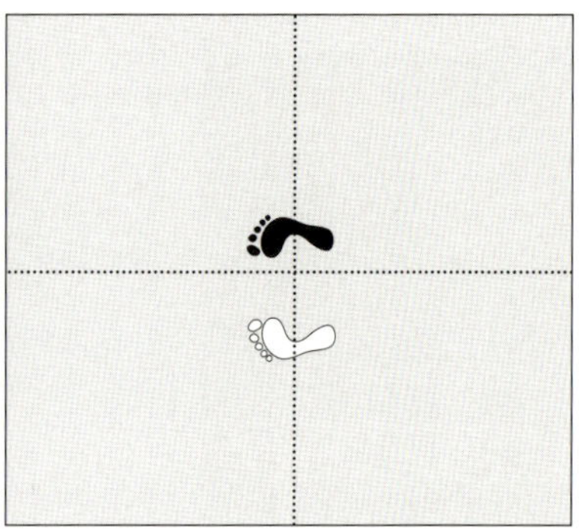

27. Bewegung

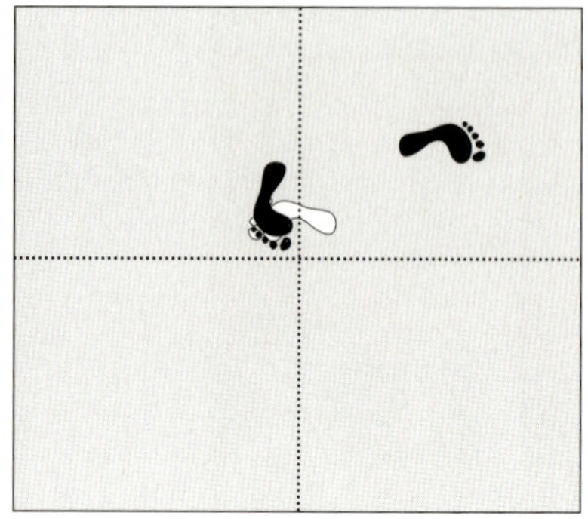

Zwischenbewegung 1

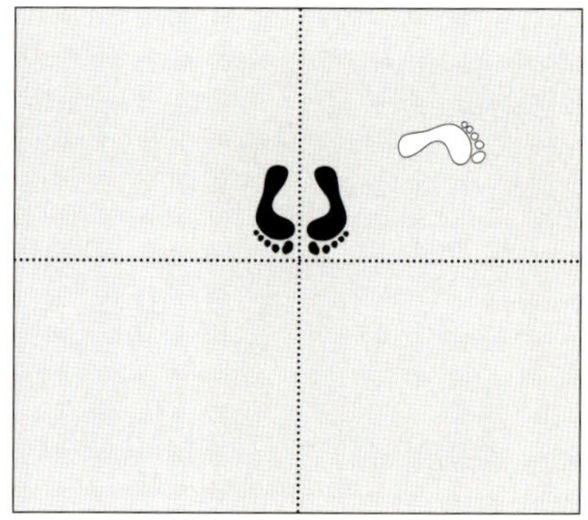

Zwischenbewegung 2

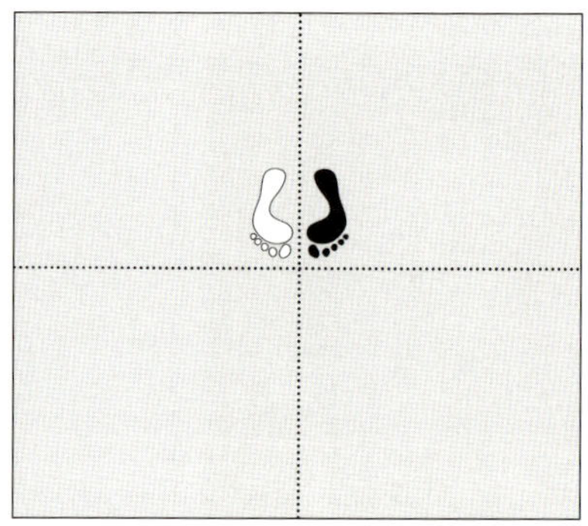

28. Bewegung

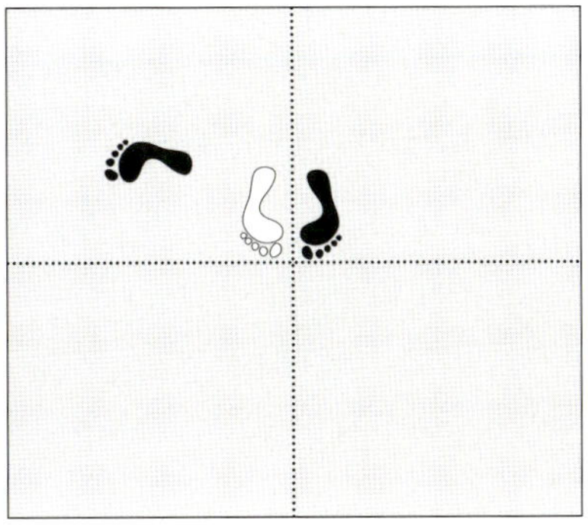

Zwischenbewegung

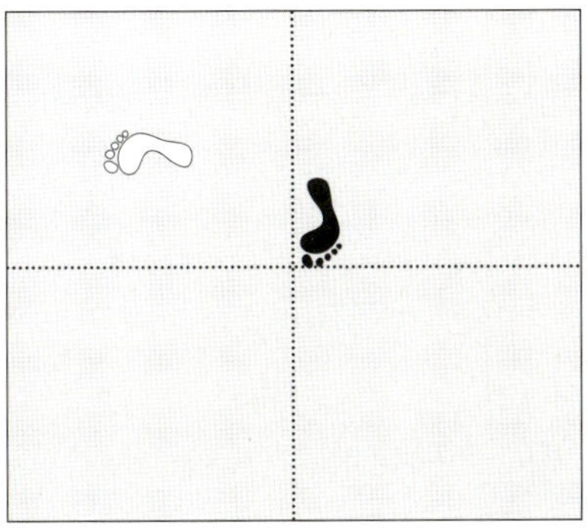

Endstellung

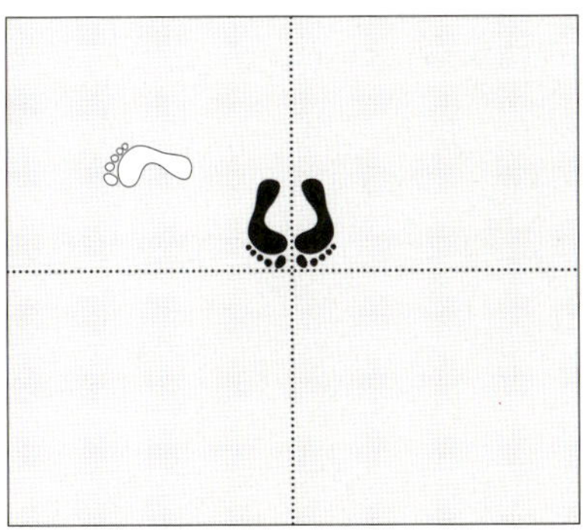

5 Yul-Kok Hyong

Zur fünften Hyong:

In der fünften Hyong werden die Bewegungsabläufe komplexer. Es gibt wie auch schon in der dritten Hyong zwei diagonale Diagrammrichtungen. Folgende neue Techniken treten auf: Der Kyocha Sogi (die Kreuzfußstellung); zwei neue Blocktechniken, der Golcho Makki (hakenartige Blockbewegung) und der Do Palmuk Makki (Unterarm-Block). Eine neue Angriffstechnik ist der Palkup Jirugi (Ellbogen-Stoß). Viele bereits bekannte Techniken werden in dieser Hyong in anderen als den bisher gewohnten Fußstellungen ausgeführt.

Das Diagramm

Die Hyong ist hierbei unter zwei Aspekten zu betrachten:

1. Als Bewegungskunst und Selbstverteidigung

Die Hyong ist wieder überwiegend symmetrisch aufgebaut, d. h. fast jeder Bewegungsablauf wiederholt sich in entgegengesetzter Richtung. Zu Beginn werden Fauststöße in unterschiedlichen Spannungsverhältnissen und Geschwindigkeiten geübt (kräftig langsam, entspannt schnell). Dann folgen auf sehr hartnäckige imaginäre Angreifer längere Verteidigungs- und Angriffsabfolgen (z. B. Block + 3 Angriffe oder 2 Blocks + 1 Angriff oder 2 Blocks + 4 Angriffe usw.) Das Diagramm ist wieder ein „quergestelltes H-Diagramm“, allerdings mit 2 Diagonalen vom Startpunkt aus (also entgegengesetzte Diagonalen zum Diagramm der dritten Hyong).

2. Als Symbol

„Yul-Kok“ ist ein Pseudonym des Philosophen Li-le (1536 – 1584). Diese Hyong umfasst 38 Bewegungen und bezieht sich auf den im 38. Breitengrad gelegenen Geburtsort von Li-le. Das Schritt-Diagramm steht in der chinesischen Schrift für „Gelehrter“. Li-Le hatte auch den Beinamen „koreanischer Konfuzius“.

Stellungen

1. Moa Sogi

Gewicht: 50 % beide

2. Narani Sogi

Gewicht: 50 % beide

3. Kima Sogi

Gewicht: 50 % beide

4. Chongul Sogi

Gewicht: 70 % vorne

5. Hugul Sogi

Gewicht: 70 % hinten

6. Kyocha Sogi

Gewicht: 95 % vorne

7. Guboryo Chunbi Sogi

Gewicht: 100 % vorne

Verteidigung

1. Halbhoher Block (2 x)
Chungdan An Palmok Yop Makki in Chongul Sogi

Aushol- und Zwischenphase:

Blockarm wird von unten ausgeholt. Die überkreuzten Arme dienen als Schutz.

Endphase:

Der Blockarm ist im Ellbogengelenk 90° abgewinkelt. Die Gegenbewegung dient zur Kraftsteigerung (hier als Ellbogenstoß zurückgeführt zum Gürtel) und basiert auf dem 3. Newtonschen Gesetz. Die Blockhand befindet sich auf Augenhöhe. Der Chongul Sogi hat den Zweck, schneller mit dem hinteren Bein in die folgende Kickposition zu kommen.

2. Mittelblock offen + Handgelenk seitlich abgewinkelt (hakenartige Blockbewegung) (2 x)
Sangdan Paro Kolchyo Makki in Chongul Sogi

3. Mittelblock offen + Handgelenk seitlich abgewinkelt (hakenartige Blockbewegung) (2 x)
Sangdan Pandae Kolchyo Makki in Chongul Sogi

Ausholphase:

Blockhand kommt von oben (hinterm Ohr). Die überkreuzten Arme dienen als Schutz. Der Schritt beim Block in Paro (= Gewicht + Blockseite gleich) verstärkt die Bewegung.

Endphase:

Der Block leitet den Angriff des Gegners ab; das Handgelenk wird abgewinkelt, um ein erneutes Hochgleiten des Angriffarmes zu verhindern. Der Blockarm ist im Ellbogengelenk 90° gebeugt. Die Gegenbewegung wird als Ellbogenstoß zurückgeführt. Die Blockhand befindet sich auf Augenhöhe. Der Angriffsarm des Gegner wird mit der Handfläche nach unten gedrückt (Greifoption).

Aushol- + Zwischenphase

Endphase

4. Doppelblock (2 x)

Ssang Sudo Makki in Hugul Sogi

Ausholphase:

Von der Hüfte; obere Blockhand-Handfläche nach oben; Handfläche für seitlichen Kopfschutz zeigt nach hinten.

Zwischenphase:

Fäuste verlaufen schräg nach oben über Solarplexus; Handgelenksdrehung erfolgt sehr spät (dadurch erhöhte Muskelenergie).

Endphase:

Tiefer Stand; Ellbogen der oberen Hand maximal hoch und Unterarm 15° abgeschrägt; Handgelenke gerade; Hände geöffnet da unmittelbar nach der Abwehr die Unterarme des Gegners gefasst werden.

Abwehr gegen:

Würgeangriff oder 2 Angriffe (einmal Richtung Scheitel von oben, einmal Richtung Gesicht von vorne)

Aushol- + Zwischenphase

Endphase

5. Außenblock Mitte (2 x)

Sangdan Pakkat Palmok Yop Makki in Chongul Sogi

Aushol- und Zwischenphase:

Ausholbewegung hinterm Ohr

Endphase:

Gegenbewegung am Gürtel (als Ellbogenstoß zurückgeführt, 3. Newtonsches Gesetz); Kopf oben; beide Schultern nach vorne; Block mit Unterarmaußenseite. Diese Blocktechnik wird verwendet, falls der Gegner sehr nahe steht.

Endphase

Aushol- + Zwischenphase

Tu An Palmuk Makki

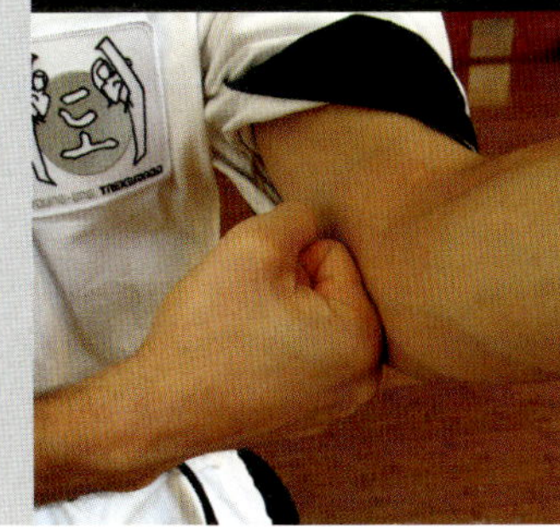

6. Untermarm-Block abgestützt (2 x)

Sangdan Tu An Palmok Paro Makki in Chongul Sogi

Aushol- und Zwischenphase:

Bei der Ausholbewegung befinden sich beide Arme auf Schulterhöhe. Der hintere Arm kann gestreckt oder wie hier im Bild dargestellt um 90° abgewinkelt sein. Der vordere Arm wird um 90° abgewinkelt.

Endphase:

Die Stützhand befindet sich mit Mittel- und Zeigefingerknöchel am Epykondylus Medialis. Der Blockarm sollte nicht zu nahe am eigenen Gesicht sein, sondern dem Angreifer entgegengesetzt werden (d. h. der Blockarm befindet sich in einem Winkel von 110°).

Abwehr gegen:

einen sehr starken Hand- bzw. Fußangriff

Angriff

1. Distanz-Faust Höhe Solarplexus (2 x)

Chungdan Chirugi in Kima Sogi

Arm wird gestreckt und hält den Gegner auf Distanz. Ziel ist der Solarplexus.

2. Ziel-Fauststoß Höhe Solarplexus (6 x)

Chungdan Chirugi in Kima Sogi

Der erste Fausstoß der 3-er Schlag-Sequenz erfolgt sehr langsam und sehr kräftig. Alle Muskeln sind dabei gespannt. Die beiden folgenden Fauststöße werden während der Entspannungsphase extrem schnell ausgeführt.

3. Ap Chagi Solarplexus o. Kinnspitze (2 x)

Chungdan o. Sangdan Ap Chagi

Aushol- und Zwischenphase:

Knie abgewinkelt und bis auf Gürtelhöhe angehoben; die Ferse wird Richtung Gesäß zurückgeführt (Sprunggelenk und Zehen sind bereits zurückgezogen).

Endphase:

Das Standbein kann je nach Könnensstand am höchsten Punkt des Fußes gestreckt werden bzw. sogar auf die Fußballen hochgedrückt werden. Das Sprunggelenk des Aktionsbeines ist gestreckt und die Zehen sind zurückgezogen. Trefferfläche ist der Fußballen.

Fauststoß Paro

4. Fauststoß Solarplexus (5 x)

Chongul Chungdan Paro Chirugi in Chongul Sogi

Fauststoß Pande

5. Fauststoß Solarplexus (4 x)

Chongul Chungdan Pandae Chirugi in Chongul Sogi

Unterschied PARO und PANDE:

Paro bedeutet, dass das Gewicht und der Angriff auf der gleichen Seite liegen. Pande bedeutet, dass das Gewicht und der Angriff auf unterschiedlichen Seiten liegen.

Insgesamt zählt die Hyong mit den Distanzfauststößen 17 Fauststöße!

1. Handkantenblock umgedreht (4 x)
Chungdan Sudo Anuro Taerigi in Hugul Sogi

Aushol- und Zwischenphase:

Hände sind geschlossen und in Kampfstellung zum Gegner ausgerichtet. Das Kickbein ist seitlich eingedreht und das Knie (max. gebeugt, d. h. die Ferse berührt nach Möglichkeit das Gesäß) wird gegen die folgende Kickrichtung als Ausholung zurückgeführt.

Endphase:

Kampfstellung wird beibehalten und der Oberkörper sollte möglichst senkrecht gehalten werden (dadurch kann man vom Gegner schwerer aus dem Gleichgewicht gebracht werden bzw. die Kickkraft verstärkt sich in Kickrichtung). Der Kickfuß ist quer und das Fußschwert (Außenseite des Fußes) trifft den Gegner in den Bauch, den Solarplexus oder die Rippen.

7. Ellbogenstoß Innenseite Solarplexus (Halten am Rücken) (2 x)
Pandae Yop Palkup Tulki in Chongul Sogi

Aushol- und Zwischenphase:

Das Knie ist erhoben (Distanz zum Gegner); die offene Hand greift den Rücken des Gegners; der hintere Arm ist abgewinkelt auf Schulterhöhe in Angriffsbereitschaft; Faust ist geschlossen.

Endphase:

Mit Abstellen des Fußes erfolgt der Ellbogenstoß in den Solarplexus (als Symbol für den getroffenen Gegner in die eigene Handfläche). Die Handfläche des zur Faust geschlossenen Schlagarms zeigt nach unten.

8. Fingerspitze in Kehle oder Solarplexus (2 x)
Chungdan Chongkwansu Paro Tulki in Chongul Sogi

9. Faustrücken auf Schläfen (1 x)
Sangdan Dung Chumok Yop Taerigi in Kyocha Sogi

Aushol- und Zwischenphase:

Der Blockwischer von oben nach unten dient als Abwehr eines Fauststoß-Angriffs Richtung Gesicht. Diese Verteidigungsbewegung stoppt auf Solarplexushöhe.

Endphase:

Die Schutzhand hat vom Ellbogen 2 Handbreiten Abstand (dieser Abstand dient als „Airbag" bei eventuellem Angriff auf den Ellbogen). Der Stich erfolgt in den Solarplexus oder in die Kehle. Dabei sind die 3 mittleren Fingerspitzen auf einer Linie.

Aushol- und Zwischenphase:

Ausholbewegung hinterm Ohr; Überkreuzhaltung schützt Hals und Solarplexus.

Endphase:

Gegenbewegung zum Gürtel erhöht die Schlagkraft (als Ellbogenstoß zurückgeführt, 3. Newtonsches Gesetz); Kopf oben; Gegner wird angeschaut; nur eine Schulter für den Gegner sichtbar; die andere Schulter wird regelrecht zurückgespannt; Schlagarm ist leicht abgewinkelt; Gewicht ruht zu 95 % auf dem vorderen Bein.

Vorbereitung

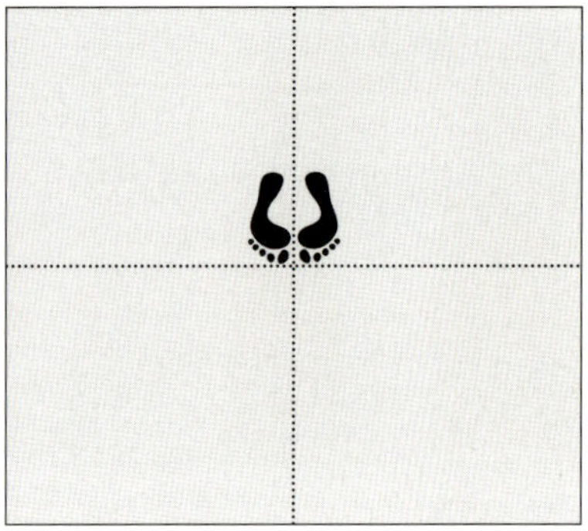

Zwischenbewegung

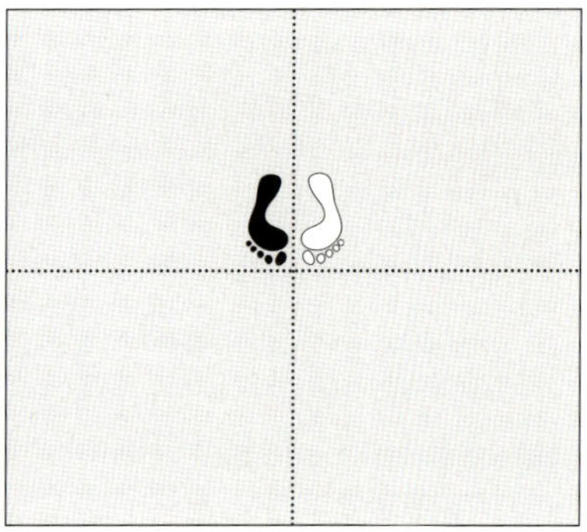

Ausgangsstellung

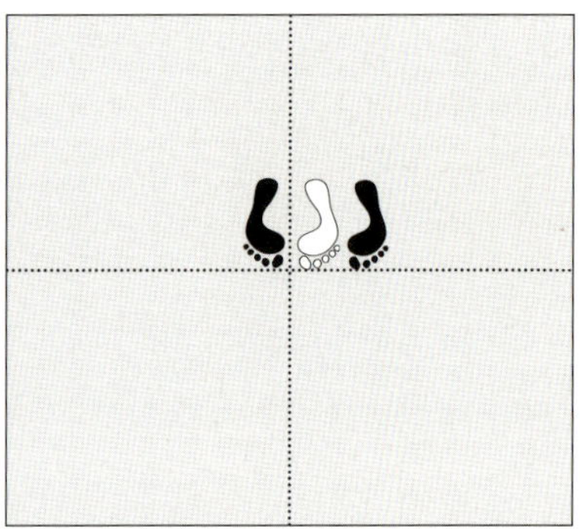

Zwischenbewegung 1

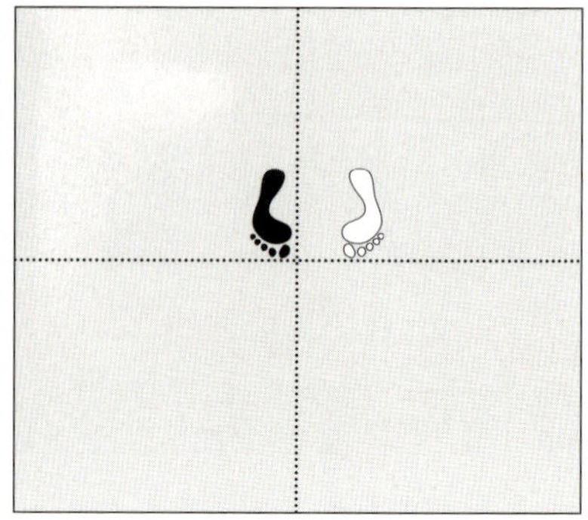

1. Bewegung

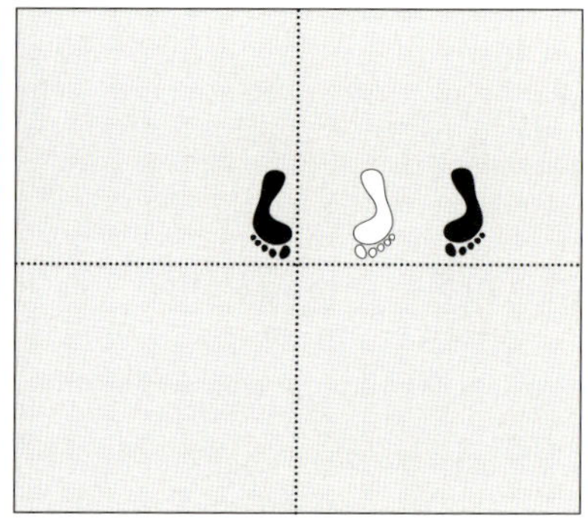

2. Bewegung

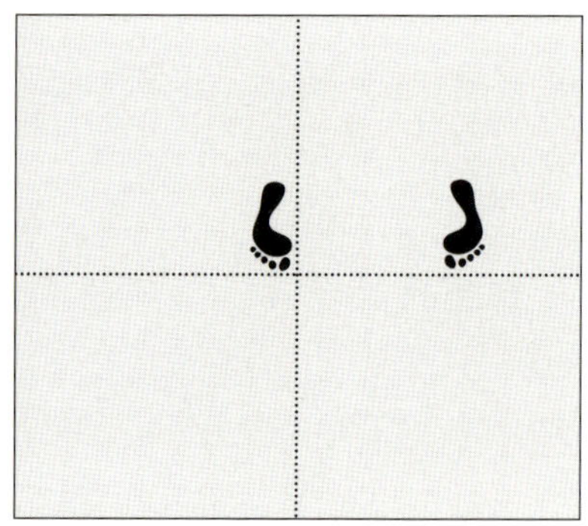

3. Bewegung

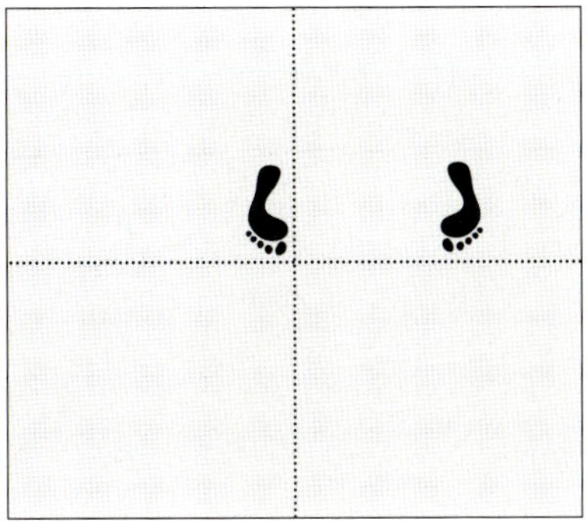

4. Bewegung

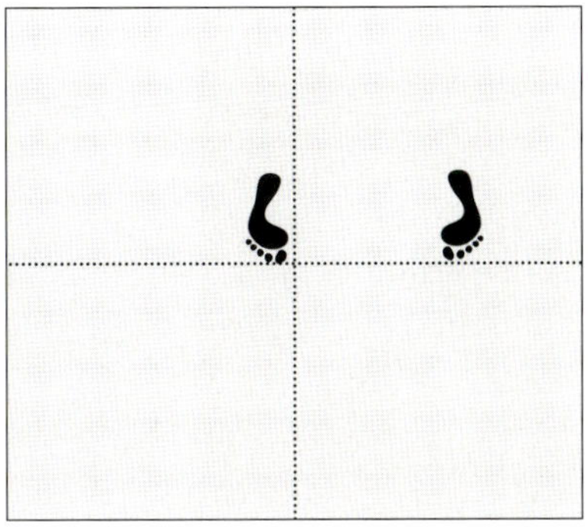

Zwischenbewegung 1

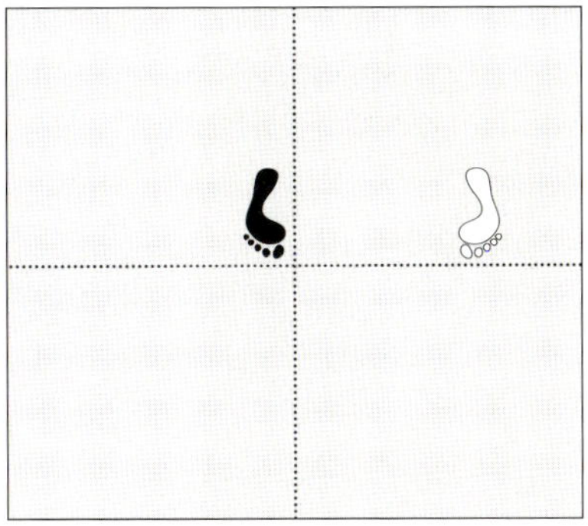

Zwischenbewegung 2

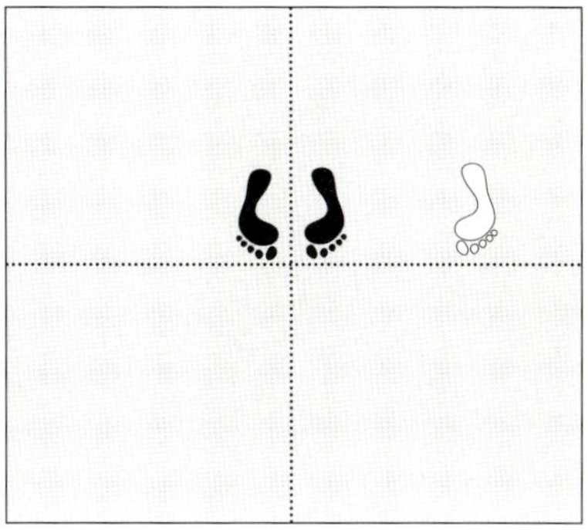

Zwischenbewegung 3

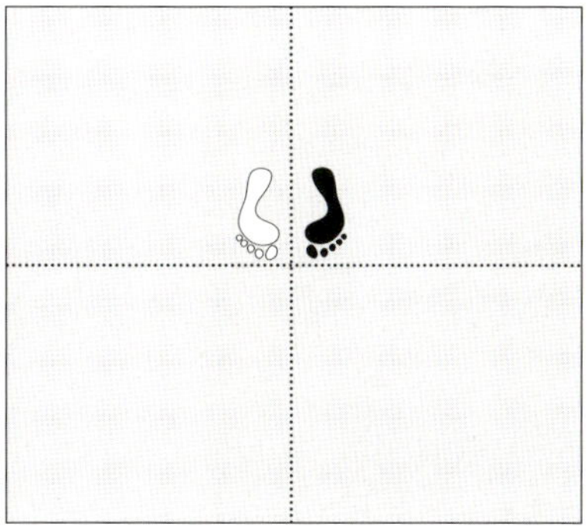

5. Bewegung

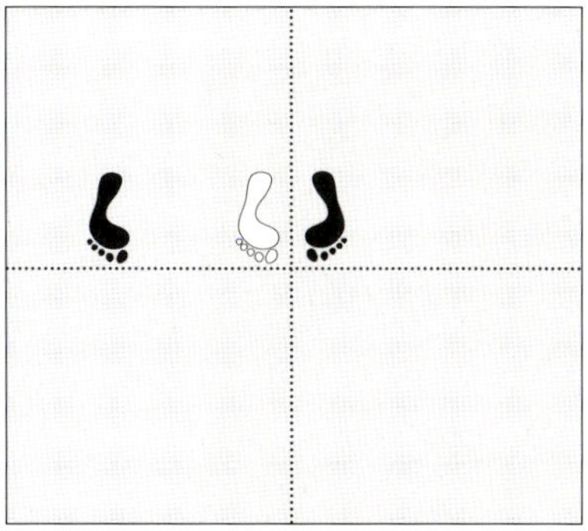

6. Bewegung

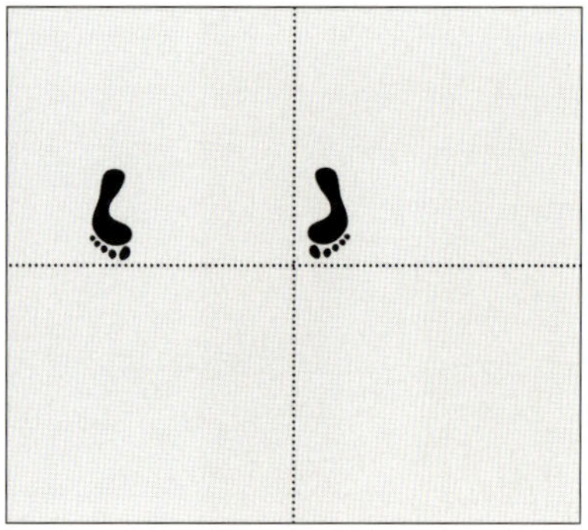

7. Bewegung

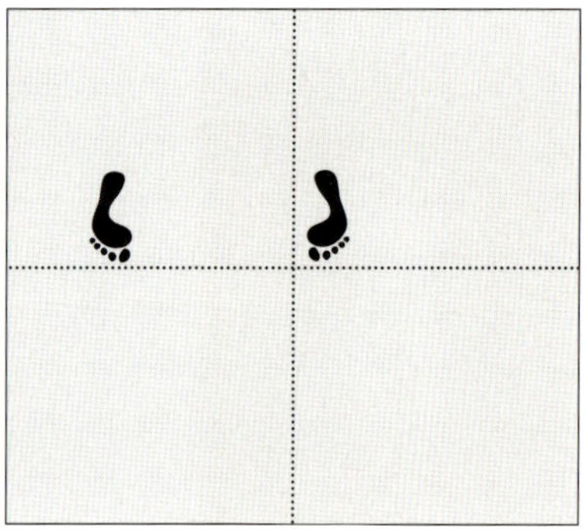

8. Bewegung

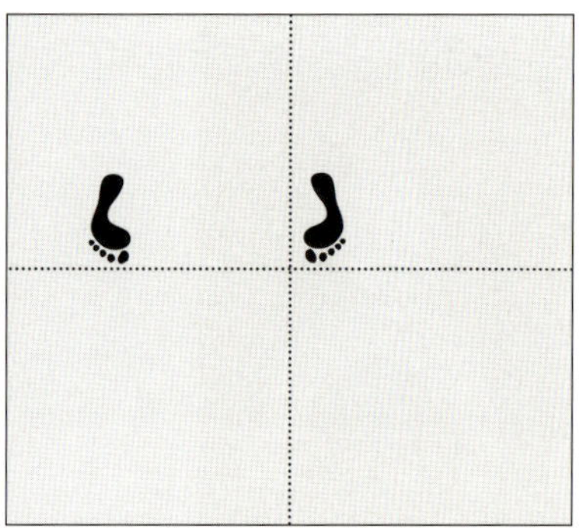

Zwischenbewegung

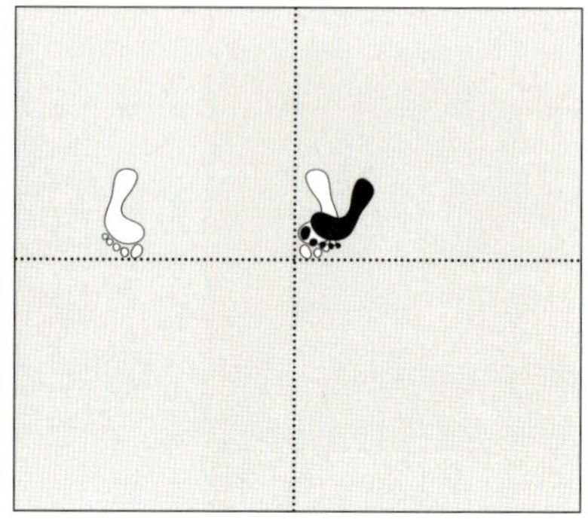

9. Bewegung

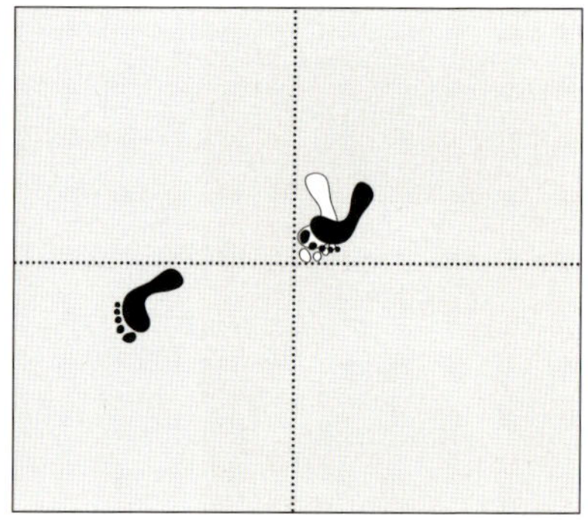

Zwischenbewegung

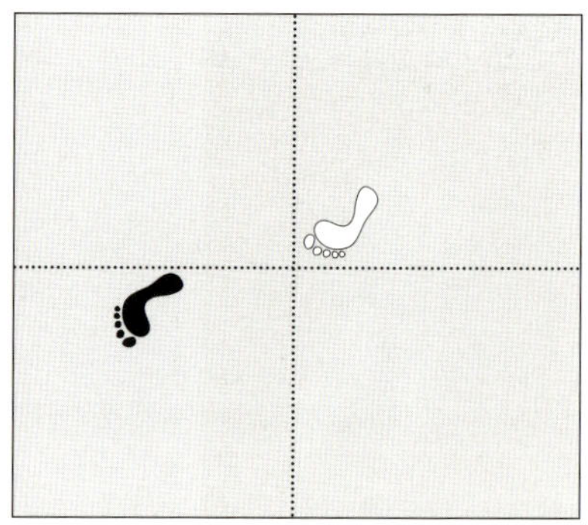

10. Bewegung

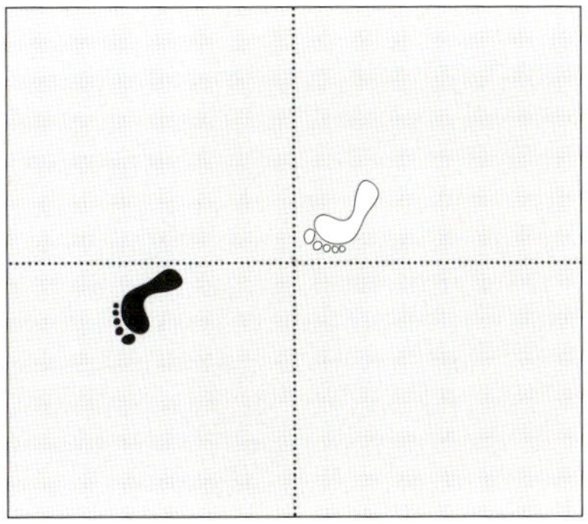

11. Bewegung

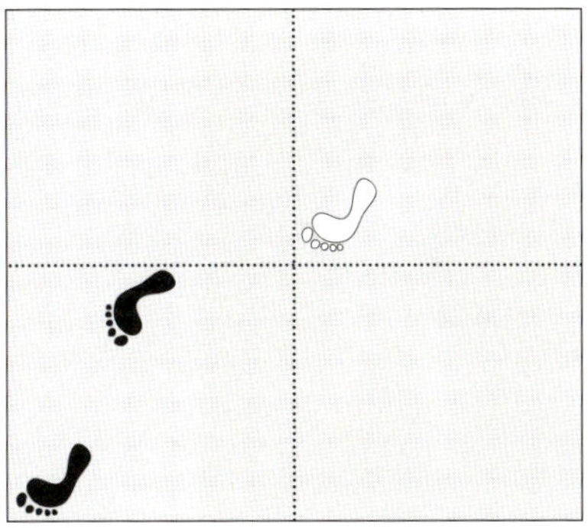

12. Bewegung

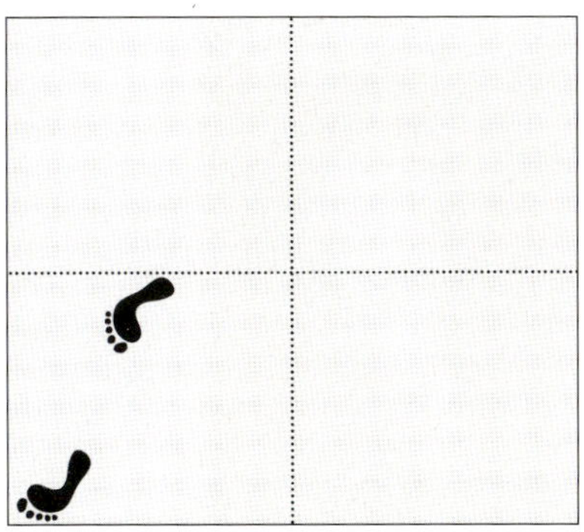

Zwischenbewegung

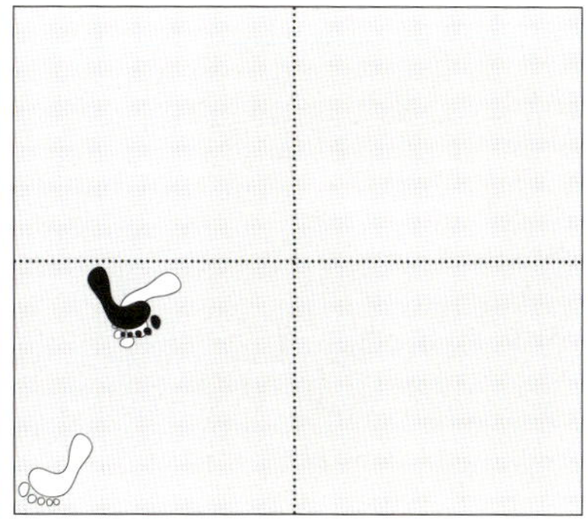

13. Bewegung

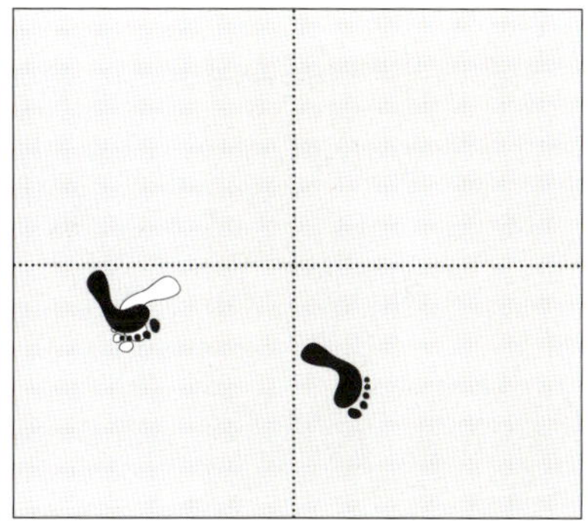

Zwischenbewegung

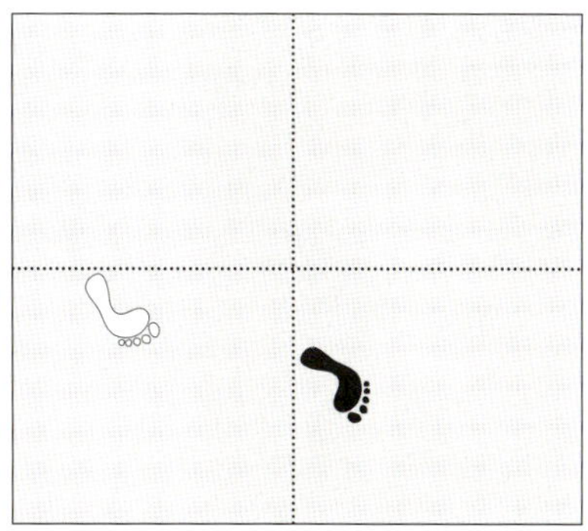

14. Bewegung

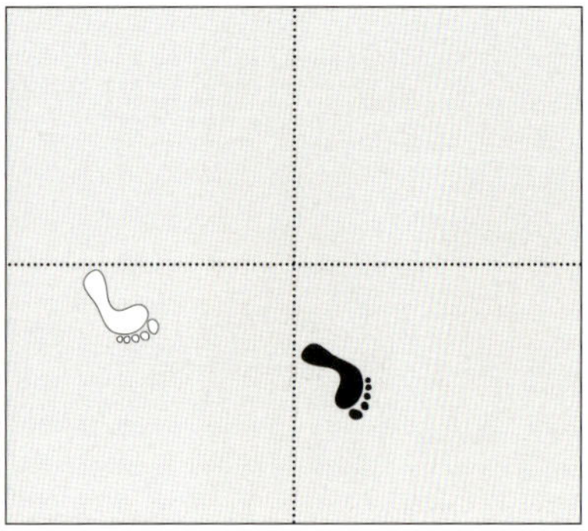

15. Bewegung

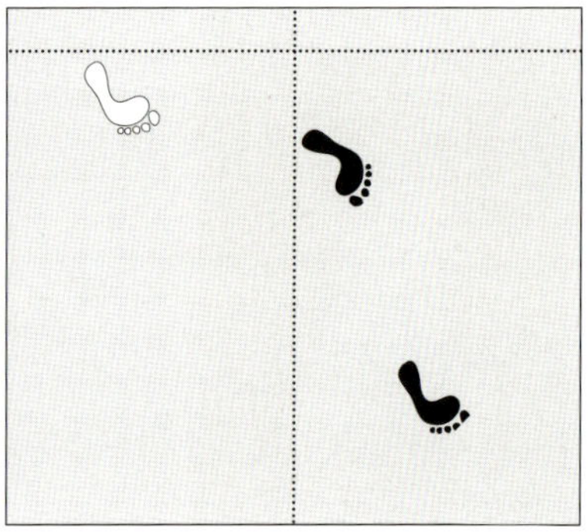

16. Bewegung

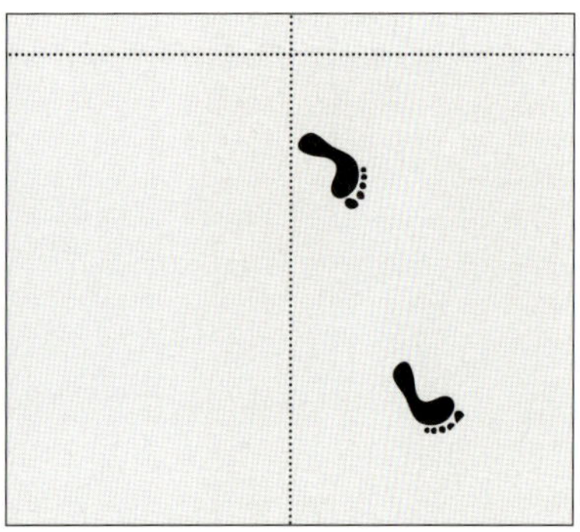

Zwischenbewegung

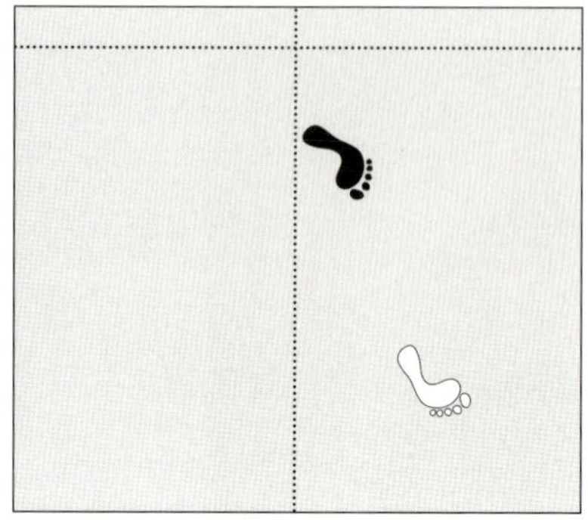

17. Bewegung

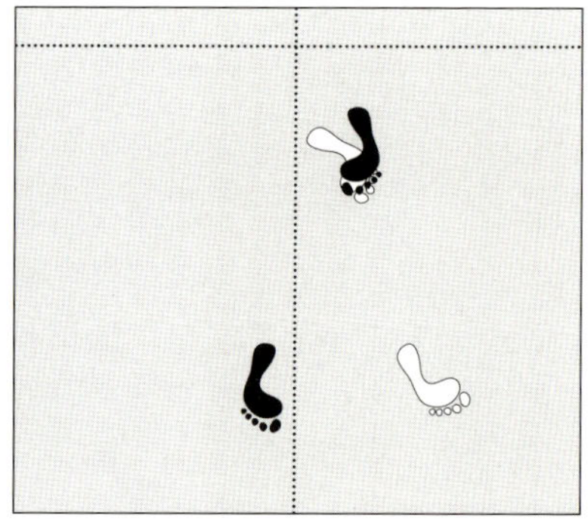

Zwischenbewegung

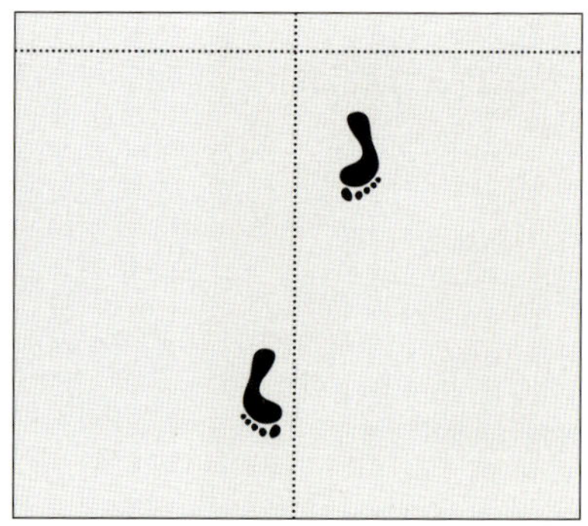

18. Bewegung

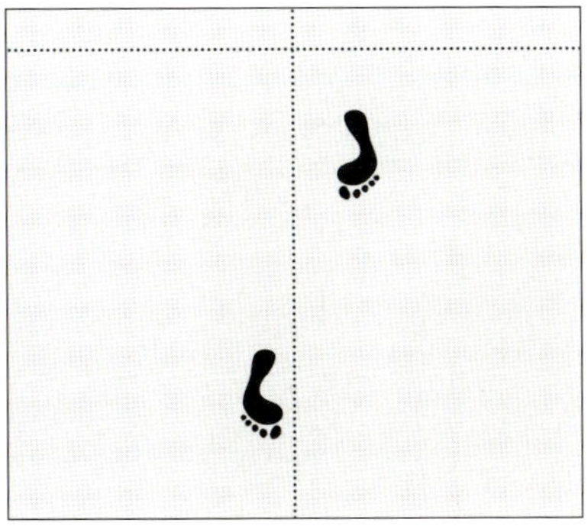

19. Bewegung

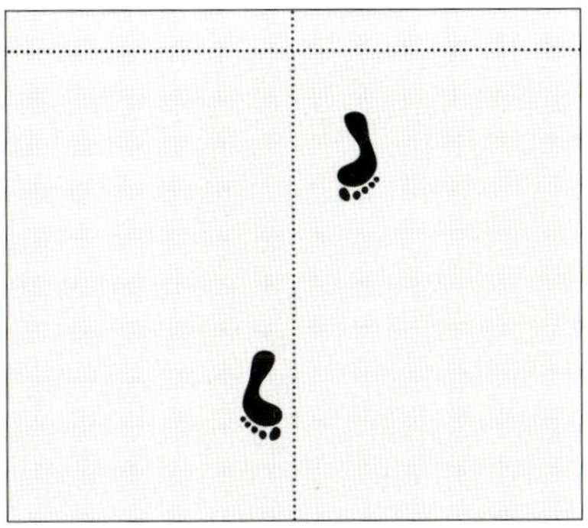

Zwischenbewegung

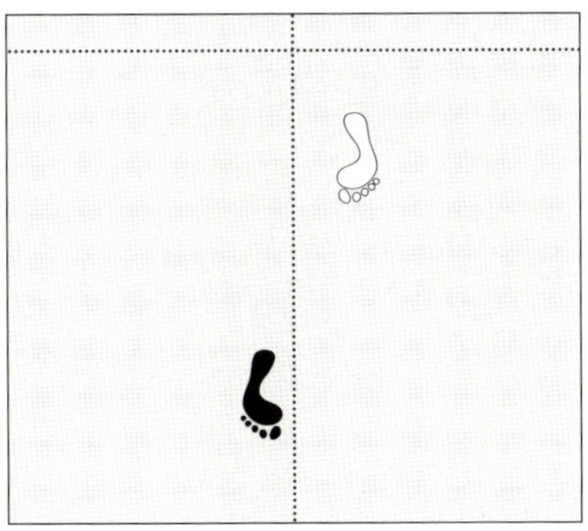

20. Bewegung

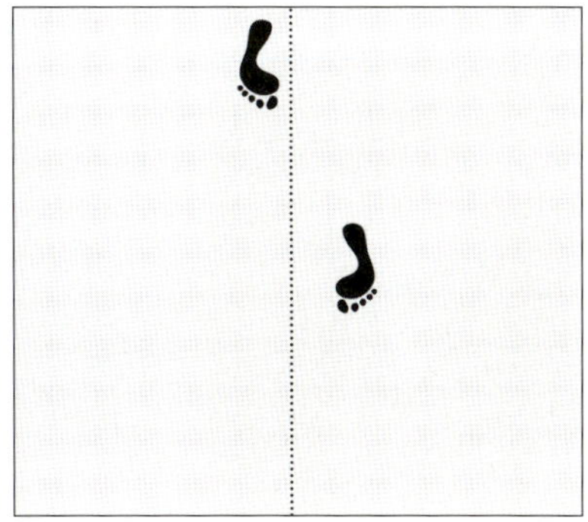

Zwischenbewegung

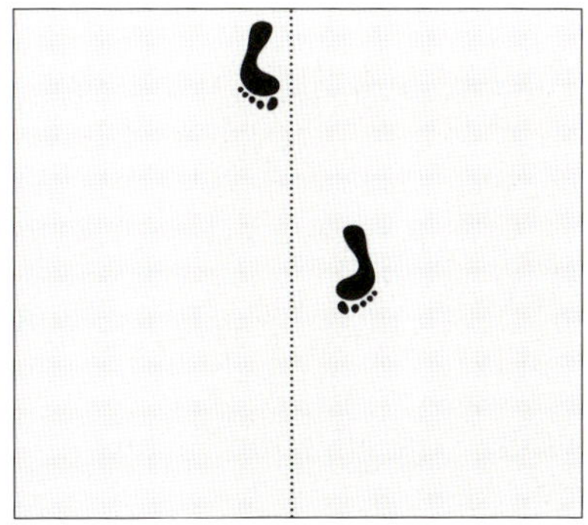

21. Bewegung

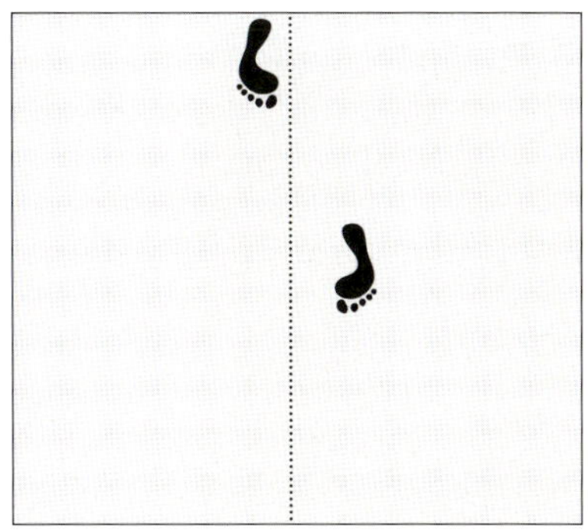

22. Bewegung

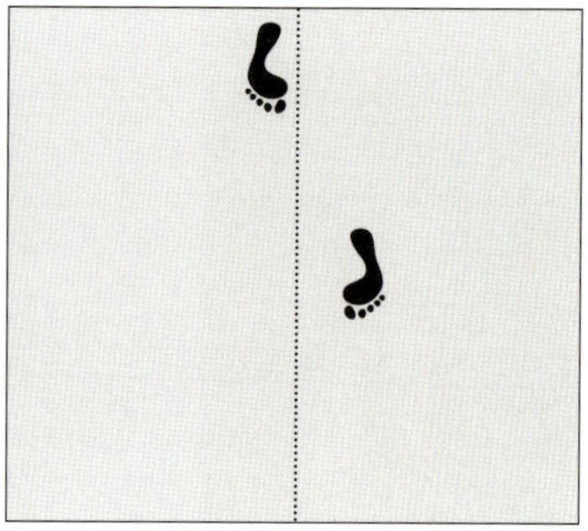

Zwischenbewegung

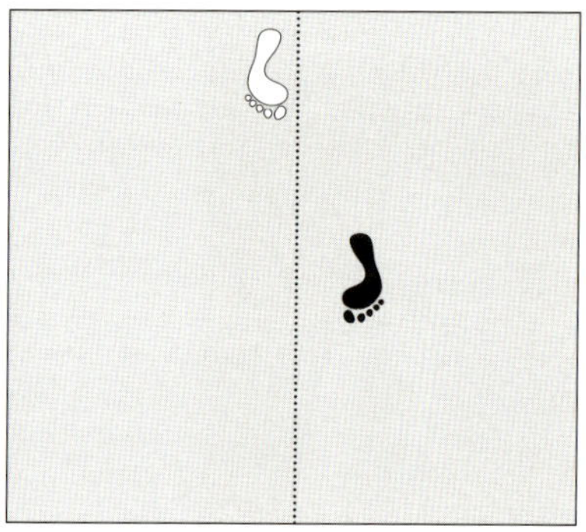

23. Bewegung

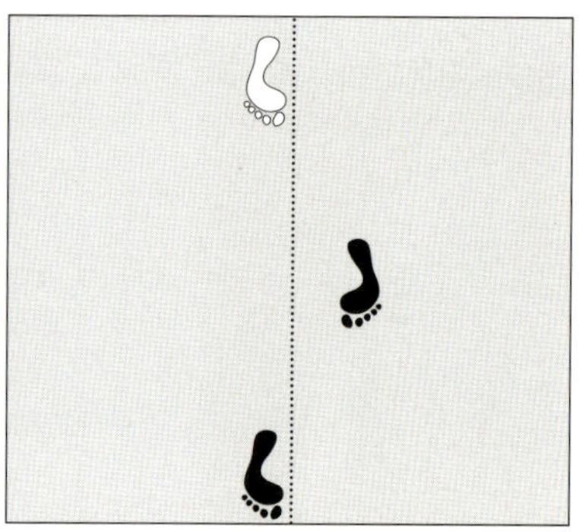

Zwischenbewegung

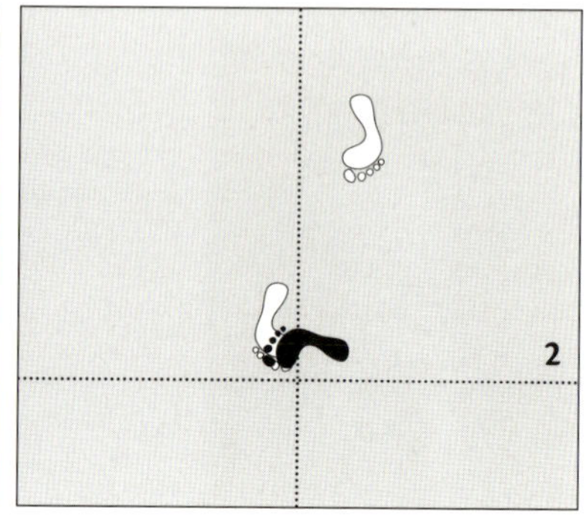

24. Bewegung

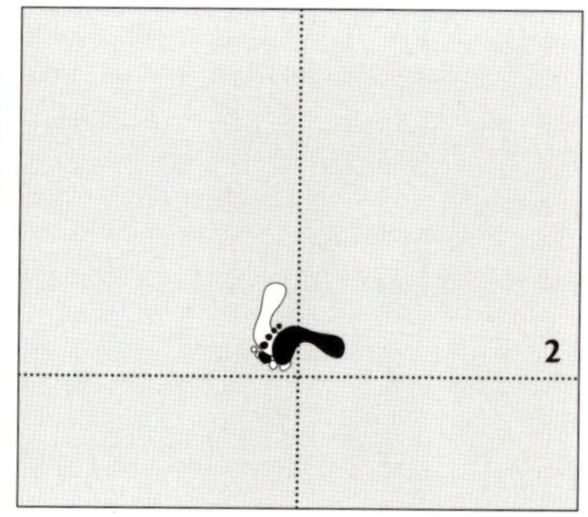

Zwischenbewegung

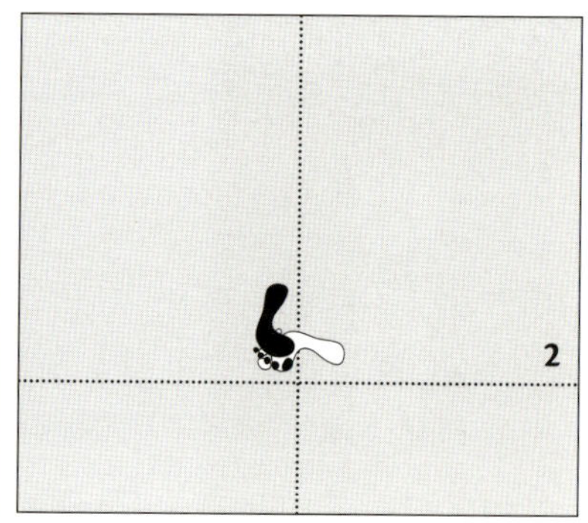

25. Bewegung

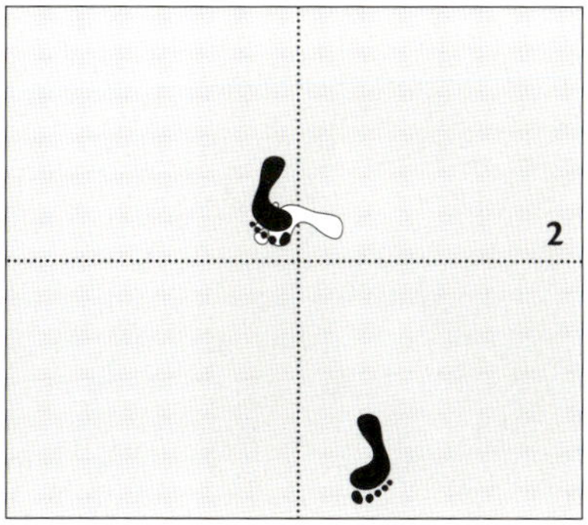

Zwischenbewegung 4

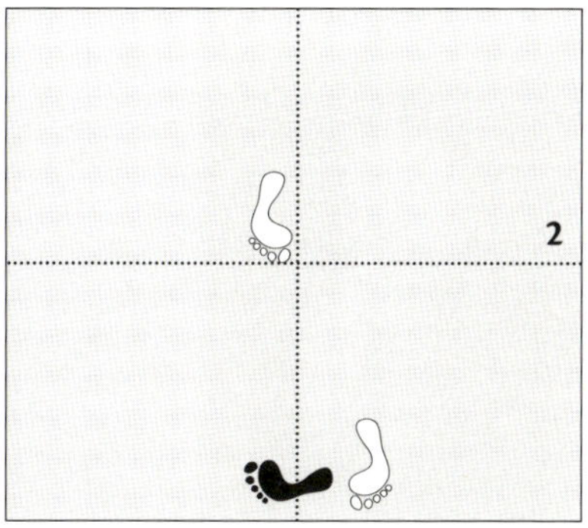

26. Bewegung

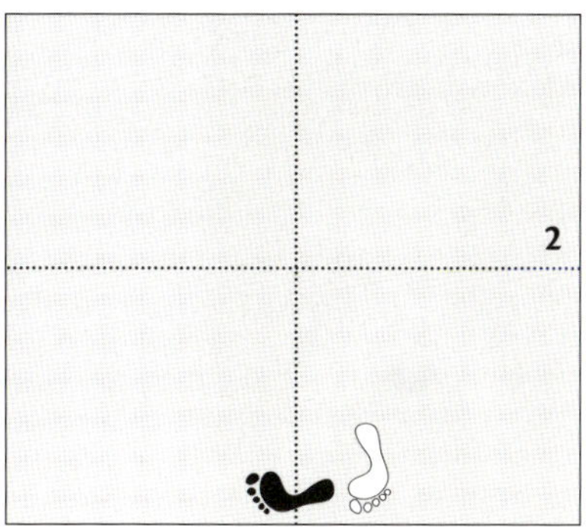

Zwischenbewegung

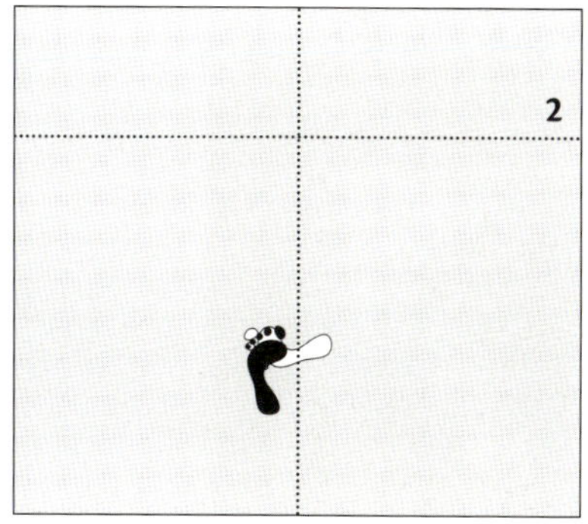

27. Bewegung

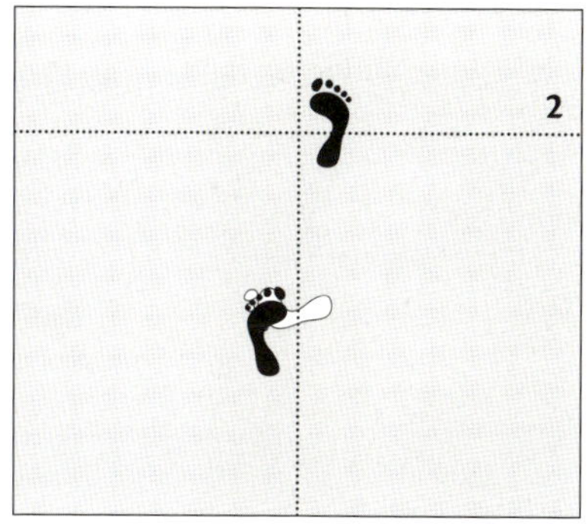

Zwischenbewegung

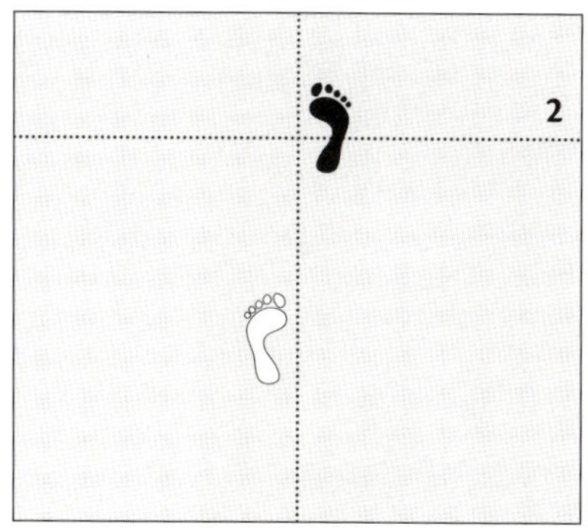

28. Bewegung

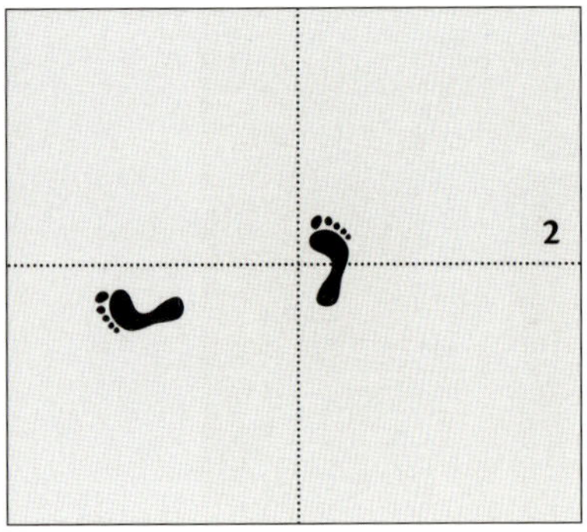

Zwischenbewegung

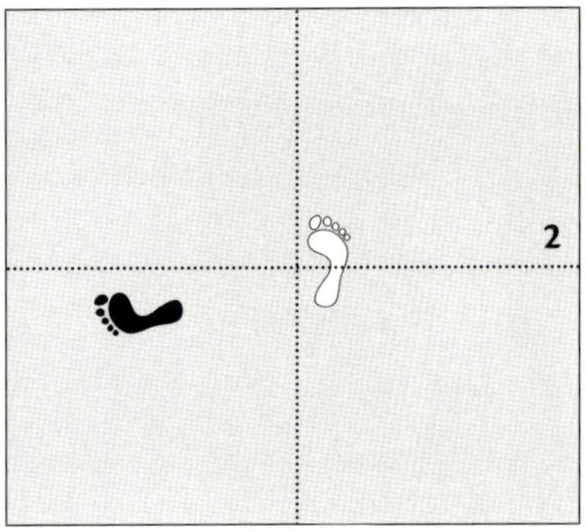

29. Bewegung

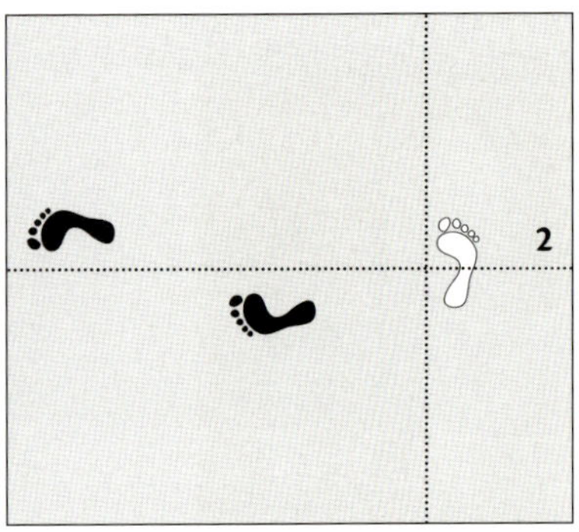

Zwischenbewegung 1

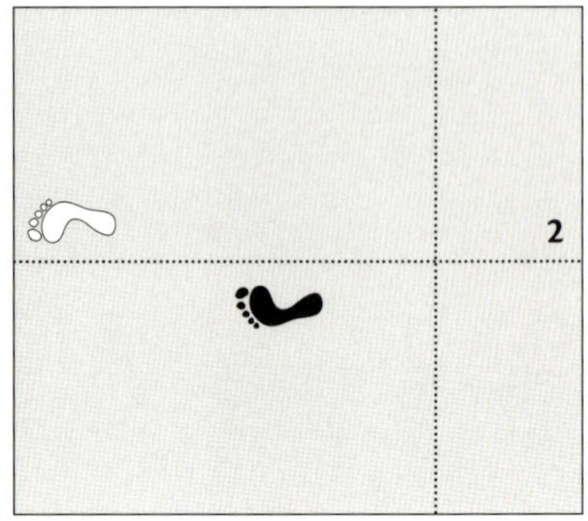

Zwischenbewegung 2

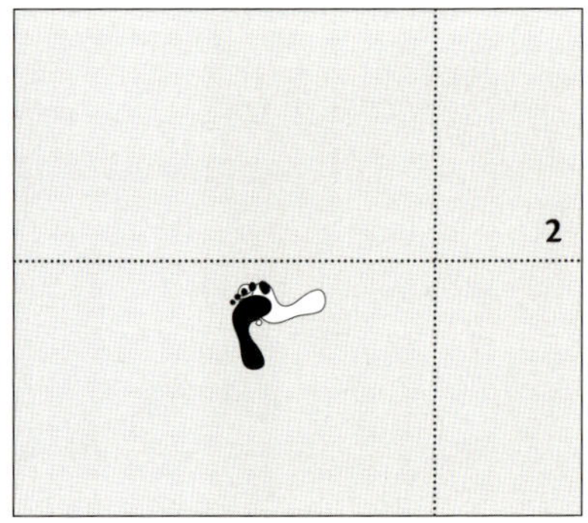

30. Bewegung

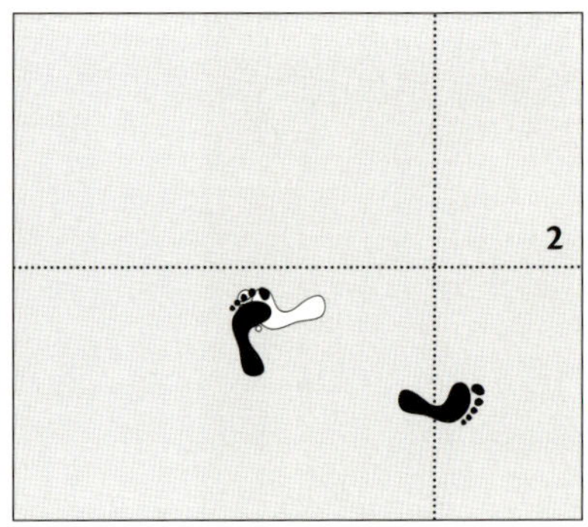

Zwischenbewegung

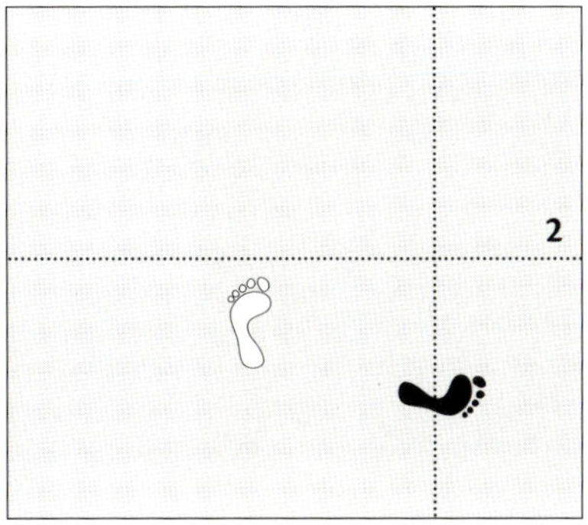

31. Bewegung

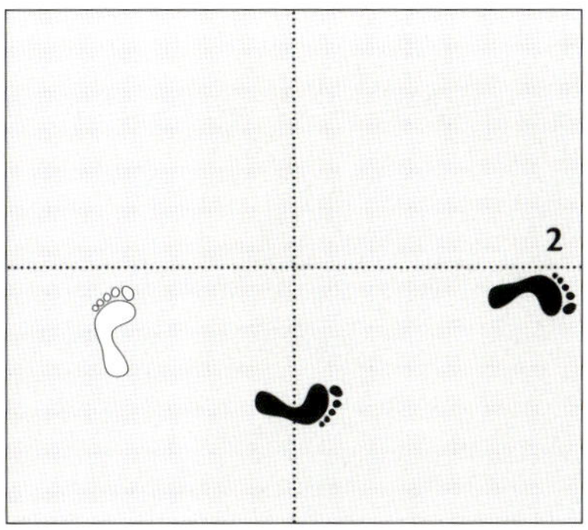

Zwischenbewegung

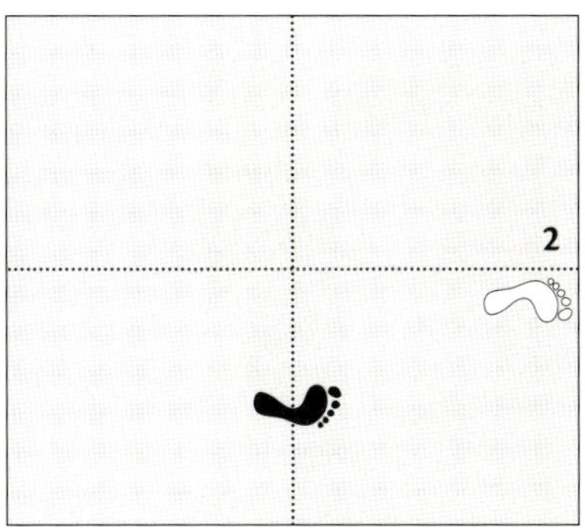

32. Bewegung

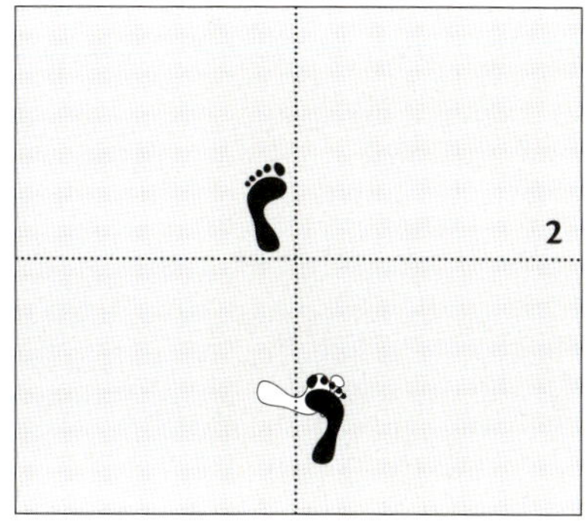

33. Bewegung

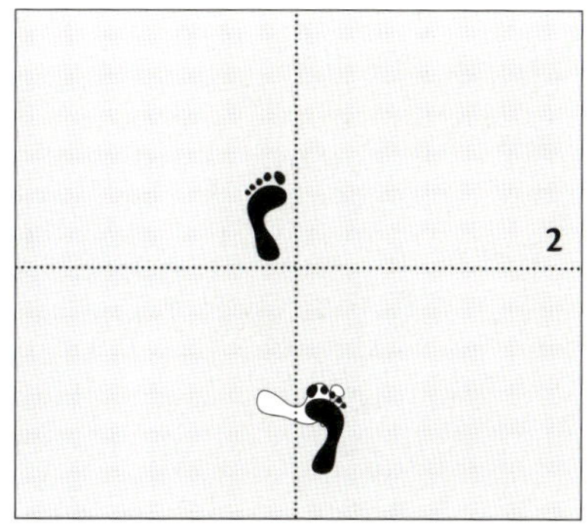

Zwischenbewegung

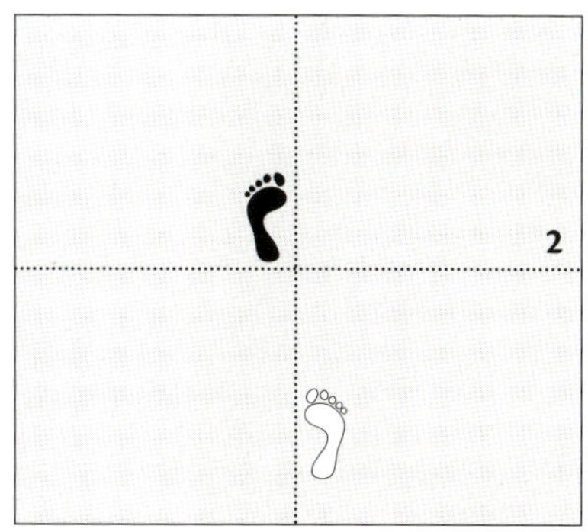

34. Bewegung

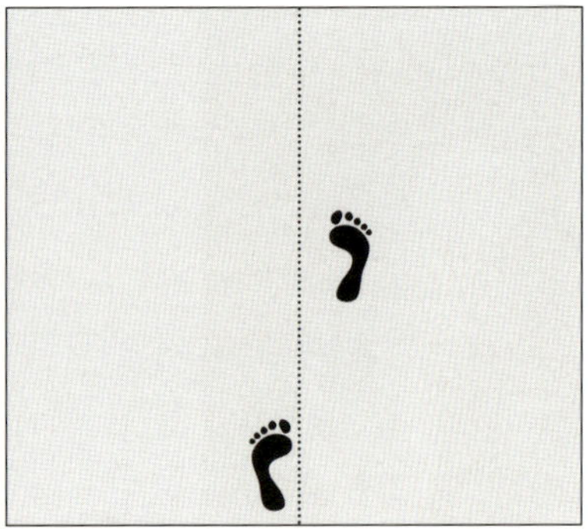

35. Bewegung

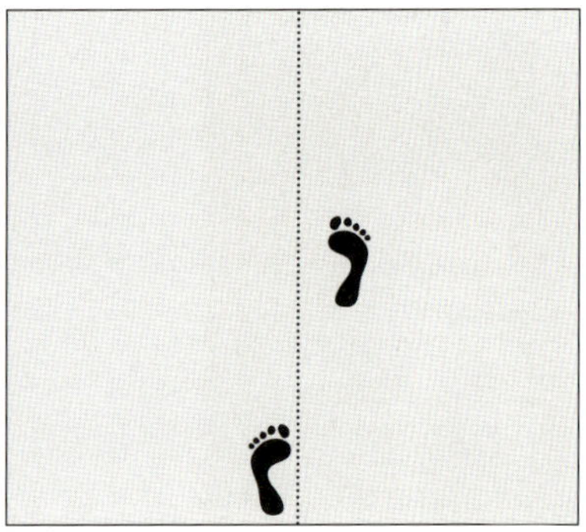

Zwischenbewegung 1

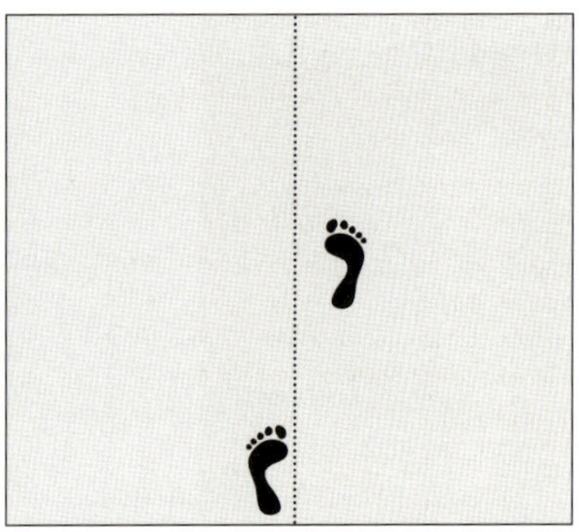

Zwischenbewegung 2

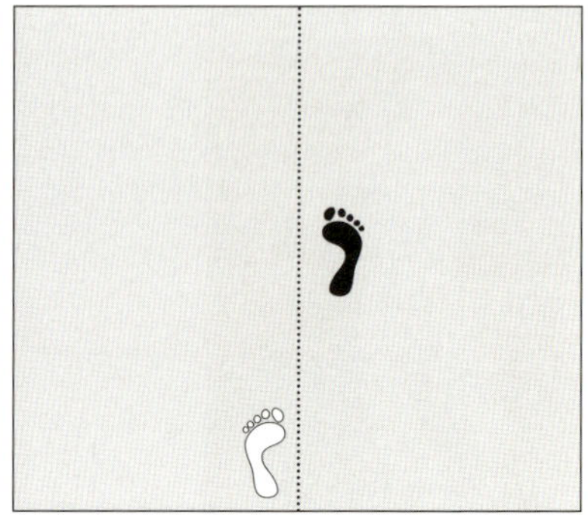

36. Bewegung

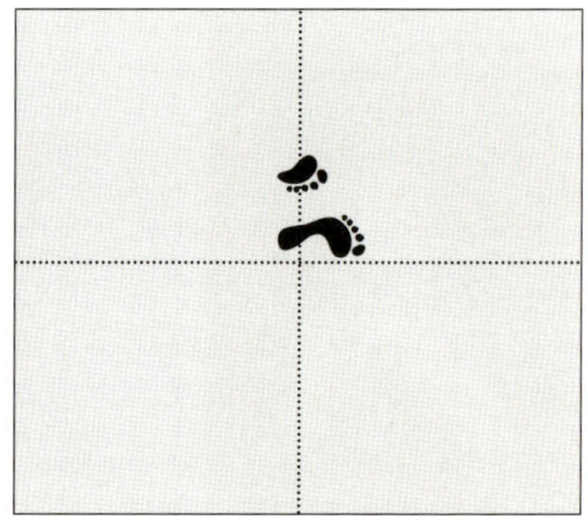

Zwischenbewegung

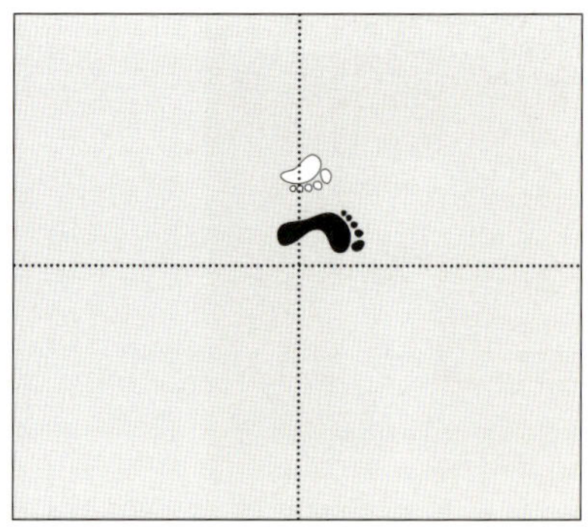

37. Bewegung

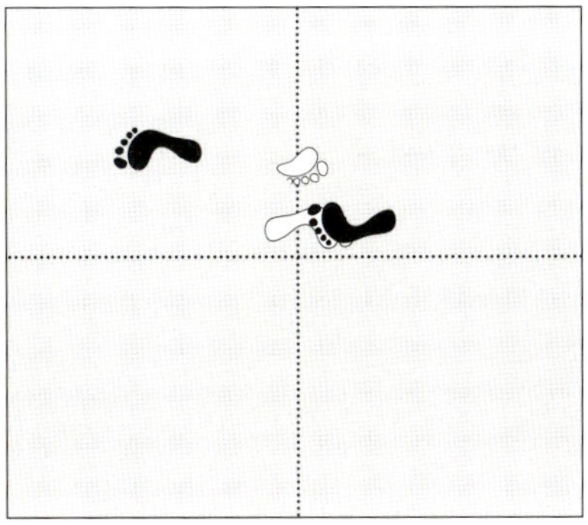

Zwischenbewegung 1

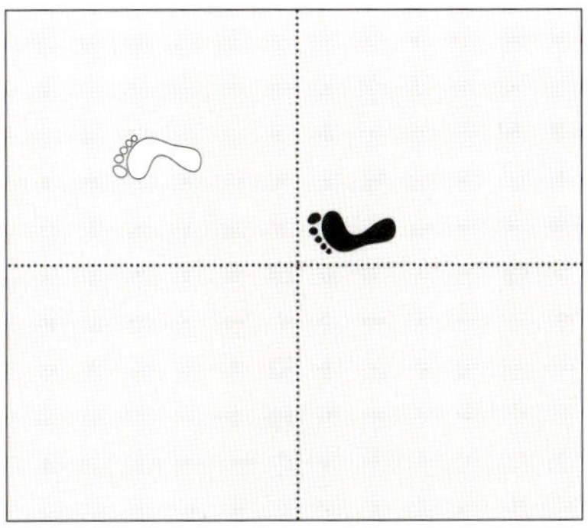

Zwischenbewegung 2

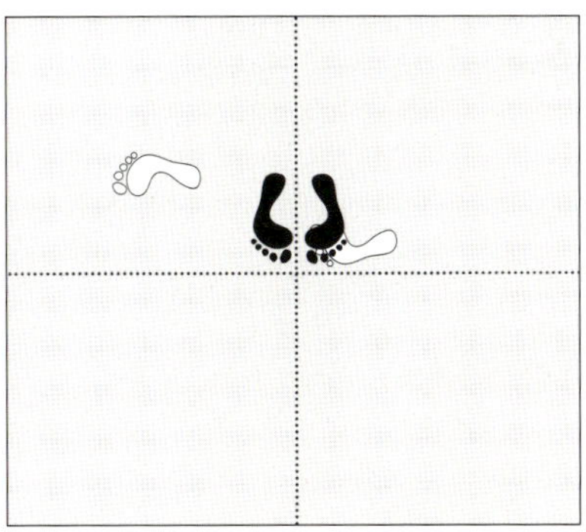

Zwischenbewegung 3

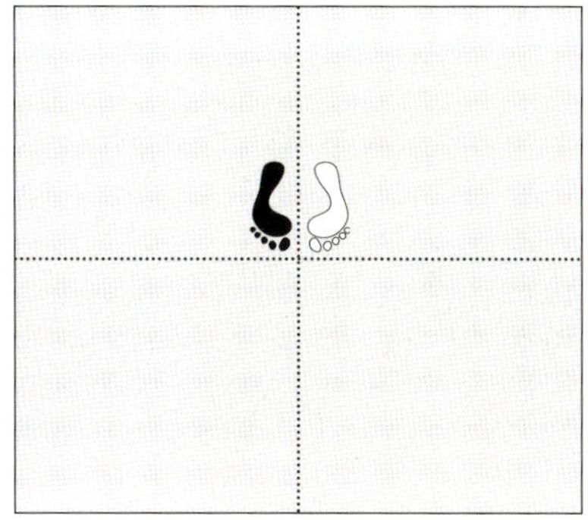

38. Bewegung

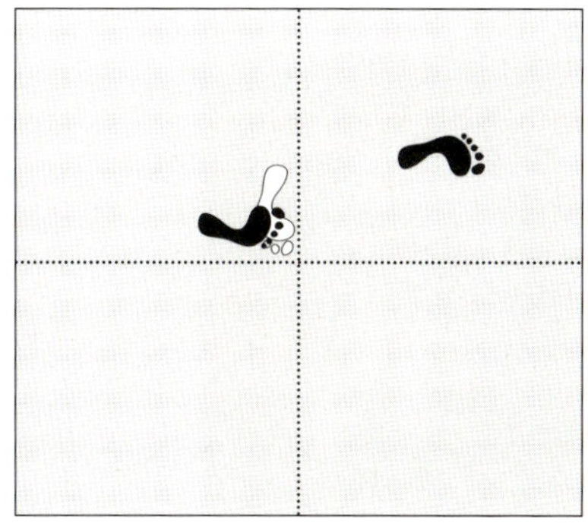

Zwischenbewegung

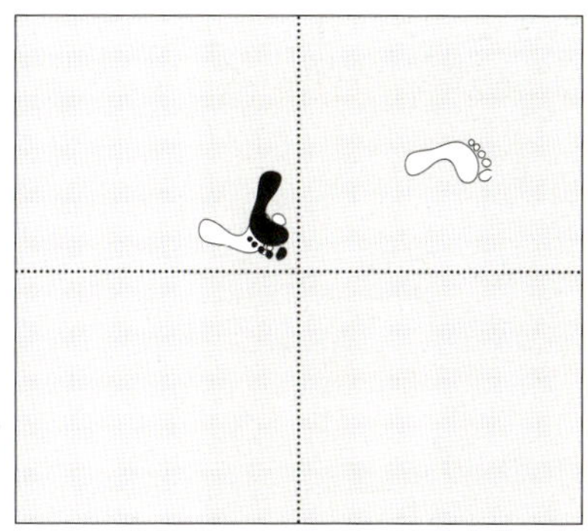

Ausgangsstellung

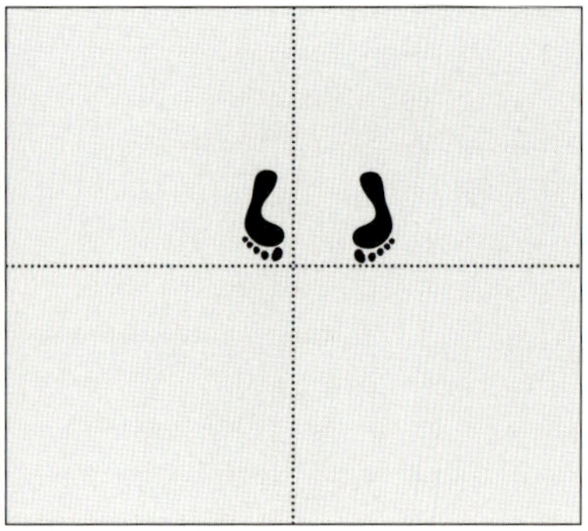

Zwischenbewegung

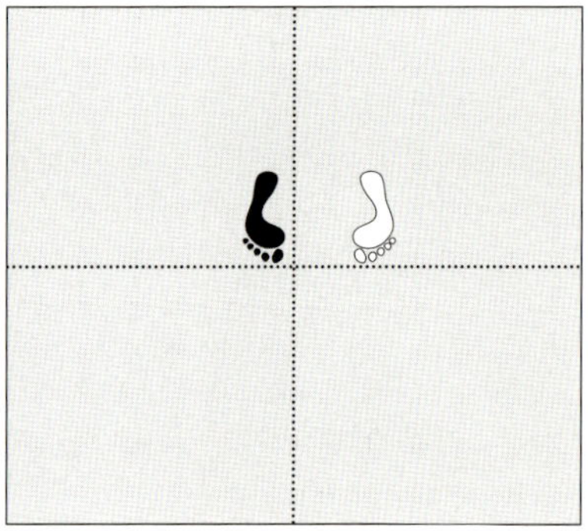

Endposition

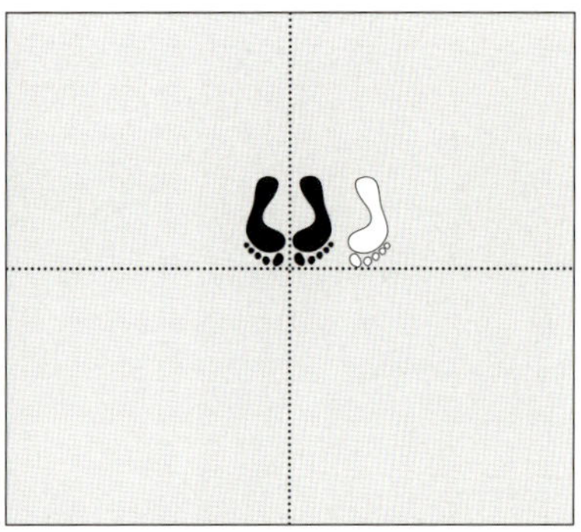

6 Chung-Gun Hyong

Zur sechsten Hyong:

Das Diagramm

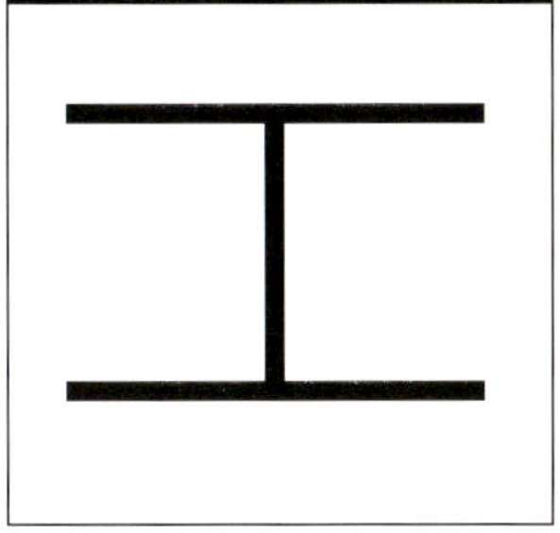

Die sechste Hyong ist ein gewaltiger Sprung in der Schwierigkeitsskala der bisherigen Hyongs. Sie versorgt den Anfänger mit Schrittmustern und Techniken, um ihn allmählich auf die Fortgeschrittenstufe vorzubereiten. Das Diagramm ist wieder ein „quergestelltes H-Diagramm". Die Anfangsstellung hat Ähnlichkeit mit der vierten Hyong, nur diesmal befinden sich die Hände auf Höhe des Energiesammelzentrums des Menschen, dem sogenannten „Tantien" oder „Hara", knapp unterhalb des Bauchnabels. Eine Techniksteigerung gegenüber der fünften Hyong macht sich schnell anhand der Darstellung der folgenden Techniken bemerkbar: neue Verteidigungstechniken (Yoksudo Makki, Ollyo Makki = Schaufelblock, Kyocho Makki = Kreuzblock, ein Nullo Makki = Doppelter Schaufelblock, Mongdungi Makki = Stockblock); neue Angriffstechniken (Sangdan Ap Palkup Tulki in Chongul Sogi = Ellbogenstoß nach oben, Sangdan Ssan Kwon Sewo Chirugi in Chongul Sogi = Doppelfauststoß oben, Chungdan Ssang Kwon Tyjibo Chirugi = umgedrehter Doppelfauststoß unten, Tollyo Chonkwon Jirugi = Halbkreisfauststoß). Neue Fußstellungen treten nicht auf, aber die Abfolgen der Stellungen sind neu kombiniert.

Die Hyong ist hierbei unter zwei Aspekten zu betrachten:

1. Als Bewegungskunst und Selbstverteidigung

Die Hyong ist nur bedingt symmetrisch aufgebaut, allerdings wiederholen sich Phasen in gleicher Bewegungsrichtung auf beiden Seiten. Dadurch wird der agierende Schüler trainiert, sich bei Angriffen mit der linken oder rechten Seite zur Wehr zu setzen. Zu Beginn haben wir zwei neue, technisch sehr anspruchsvolle Verteidigungsbewegungen (Yoksudo Makki und Ollyo Makki), symmetrisch in beide Richtungen ausgeführt. Danach folgt eine Verteidigung-Angriff-Sequenz mit Ellbogenstößen, Doppelfauststößen und versetzten Schrittmustern nach vorne. Dies erfordert viel Übung und Präzision des Schülers. Auch die weiteren Sequenzen mit eingebauten Befreiungstechniken, Doppelblocks (Nullo Makki), Halbkreisfauststößen und Stockabwehrtechniken fordern vom Schüler ein hohes und bereits sehr spezifisches Maß an Konzentration und Körperbeherrschung. Das Diagramm ist wieder ein „quergestelltes H-Diagramm".

2. Als Symbol

Diese Form ist nach dem Patrioten An Chung-Gun benannt. Er tötete den ersten japanischen Generalgouverneur (Hiro-Bumi Ito) durch ein Attentat, was ausschlaggebend für den Zusammenschluss Korea – Japan war. Die 32 Bewegungen dieser Hyong stehen für sein Alter bei seiner Hinrichtung im Gefängnis Lui-Shung im Jahre 1910.

Stellungen

1. Moa Sogi

Gewicht: 50 % beide

2. Hugul Sogi

Gewicht: 70 % hinten

3. Dytpal Sogi

Gewicht: 90 % hinten

4. Chongul Sogi

Gewicht: 70 % vorne

5. Guboryo Chunbi Sogi

Gewicht: 100 % vorne

Verteidigung

1. Yoksudo Block Mitte (2 x)
Chungdan Yok Sudo Yop Makki in Hugul Sogi

2. Schaufelblock nach oben abgewinkelt (2 x)
Chungdan Changkwon Ollyo Makki in Dytpal Sogi

Aushol- und Zwischenphase:

Blockarm wird von unten ausgeholt. Die überkreuzten Arme dienen als Schutz. Gegenhand ist geschlossen, die Blockhand bereits als Yoksudo positioniert.

Endphase:

Der Blockarm ist im Ellbogengelenk 90° abgewinkelt. Die Gegenbewegung dient zur Kraftsteigerung (hier als Ellbogenstoß zurückgeführt zum Gürtel) und basiert auf dem 3. Newtonschen Gesetz. Die Blockhand befindet sich auf Augenhöhe. Der Hugul Sogi hat den Zweck, schneller in die folgende Kickposition mit dem vorderen Bein zu kommen und dem Gegner keine gefährlichen Angriffspunkte zu bieten.

Der Block leitet den Angriff des Gegners (Solarplexus) seitlich ab. Die Ableitung erfolgt mit dem Handballen. Die geöffnete Hand bietet eine Option zum Greifen.

Der Stand hat eine optimale Gewichtsverlagerung in den Angriff des Gegners zur Folge, erfordert allerdings viel Übung (ansonsten wären einfachere Blockformen im Ernstfall anzuraten). Der angezogene Fuß ist eine Reaktion auf den Gegner, der unmittelbar vor dem Akteur steht.

Aushol- + Zwischenphase

Endphase

3. Mittelblock offen (2 x)

Chungdan Sudo Taebi Makki in Hugul Sogi

Aushol- + Zwischenphase

Endphase

4. geschlossener Kreuzblock nach oben (1 x)

Sangdan Palmok Kyocho Makki in Chongul Sogi

Aushol- und Zwischenphase:

Hände sind offen, hintere Hand (Schwunghand) zeigt vom Gegner weg; vordere Hand (Blockhand) zeigt zur Wange; beide Extremitäten werden während dieser Verteidigung parallel bewegt, die Finger sind gestreckt und zusammen.

Endphase:

Die offenen Hände bieten nach der Abwehr die Option zum Greifen. Für den Gegner ist die hintere Schulter nicht sichtbar.

Ausholphase:

Die Arme sind schon gekreuzt und die Handgelenke berühren sich. Der Stand ist bei der Ausholphase etwas tiefer als bei der Endphase (Einsatz der Oberschenkelmuskulatur gegen den schweren Angriff von oben). Der Blick ist nach vorne gerichtet.

Zwischenphase:

Die gekreuzten Hände verlaufen auf kürzestem Weg nach oben.

Endphase:

Handgelenke berühren sich; Ellbogen sind gestreckt; Handrücken zeigen zueinander.

Abwehr gegen:

einen schweren Angriff von oben (mit Bein, Messer oder Stock, z. B. Baseball-Schläger)

Handhaltung

5. Doppelter Unterarmblock (2 x)

Palmok Makki Sangdan Tu An Palmok Makki in Chongul Sogi

Aushol- und Zwischenphase:

Bei der Ausholbewegung befinden sich beide Arme auf Schulterhöhe; der hintere Arm ist gestreckt und der vordere Arm 90° abgewinkelt.

Endphase:

Die Stützhand befindet sich mit Mittel- und Zeigefingerknöchel am Epykondylus Medialis (Bild Seite 79). Dieser Block wird bei einem sehr starken Angriff bzw. Fußangriff benutzt. Der Blockarm sollte nicht zu nahe am eigenen Gesicht sein (Ellbogenwinkel von 110°).

6. geschlossener Mittelblock (Kampfstellung) (2 x)

Chungdan Pakkat Palmok Taebi Makki in Hugul Sogi

Aushol- und Zwischenphase:

Hände sind geschlossen, beide Hände bewegen sich gleichzeitig in Blockrichtung, genauso schreitet der dem Gegner zugewandte Fuß in Blockrichtung (somit kommt es zu einer kompletten Energiefokussierung in Blockrichtung) .

Endphase:

Beide Beine sind gebeugt. Der Unterarm der Blockarm ist senkrecht ausgerichtet.

Ausgangsstellung

Endphase

7. Schaufelblock nach unten (2 x)

Hadan Changkwon Ollyo Makki in Hugul Sogi

Endphase:

Die vordere Hand wird auf direktem Weg nach unten gestreckt, dabei bleibt der Oberkörper gerade. Der Block erfolgt mit dem Handballen. Die Finger sind geschlossen und nach hinten gestreckt.

Abwehr gegen:

Knieangriff

Ausgangsstellung

Endphase

8. Doppelter Schaufelblock (2 x)

Ssang Changkwon Nullo Makki in Chongul Sogi

Ausgangsstellung:

Stand in Hugul Sogi; Oberkörper gerade

Endphase:

Das vordere Bein wird in Chongul Sogi gesetzt, dadurch wird das Gewicht nach vorne verlagert. Die beiden Blocks erfolgen mit dem Handballen. Die vordere Hand blockt etwas über Solarplexushöhe nach oben und die hintere Hand geradlinig gestreckt nach unten.

Abwehr gegen:

Doppelangriff (Kniestoß und Fauststoß Richtung Solarplexus)

Endphase

Zwischenphase

Ausholphase

Mongdungi Makki

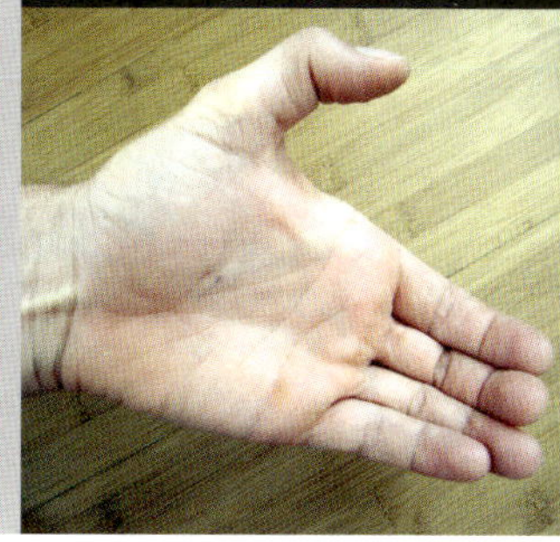

9. Offene Stockabwehr (2 x)

Mongdungi Makki in Hugul Sogi

Ausholphase:

Blick zum Gegner; die Handflächen zeigen zueinander (zur Faust geschlossen) und befinden sich an der Hüfte des Standbeins; die Faust des Schrittbeins befindet sich über der anderen Faust; beide Hände sind geschlossen und an der Hüfte des Standbeins platziert.

Zwischenphase:

Die Faust des Schrittbeins wird ohne Handgelenksdrehung entlang des Gurts zur anderen Hüfte geführt.

Endphase:

Die untere Faust dreht sich um 180°, so dass beide Handflächen lotgerecht zueinander zeigen. Daumen und Zeigefinger bilden eine Greifzange und werden dem Angriff mit einem Hugul Sogi entgegengesetzt. Die weiteren Finger sind gestreckt. Der Ellbogen des unteren Blockarmes ist an der Hüfte fixiert.

Abwehr gegen:

Vertikalen Stockangriff

Angriff

1. Ap Chagi Solarplexus oder Kinnspitze (2 x)
Chungdan Ap Chagi

2. Ellbogen nach oben auf Kinnspitze (Hüfte nach vorne drehen) (2 x)
Sangdan Ap Palkup Tulki in Chongul Sogi

Aushol- und Zwischenphase:

Das Knie wird abgewinkelt und bis auf Gürtelhöhe angehoben; die Ferse wird Richtung Gesäß zurückgeführt (Sprunggelenk und Zehen sind bereits zurückgezogen).

Endphase:

Der Fußballen des Standbeins bleibt am Boden. Die Hüfte wird nicht wie sonst üblich nach vorne geführt, sondern bleibt auf der Stelle, da Gegner bereits direkt vor einem steht.

Mit dem vorderen Bein wird aus dem Hugul Sogi mit Gewichtsverlagerung nach vorne in den Chongul Sogi gewechselt. Danach wird der Ellbogen maximal hoch nach oben gestreckt und gleichzeitig die Hüfte des Schlagarms nach vorne gedreht. Dadurch erhöht sich die Flexibilität, um den Ellbogen geradlinig nach oben führen zu können. Der Kopf wird etwas zur Seite geneigt. Die geschlossene Hand des Schlagarms befindet sich seitlich hinter dem Kopf.

Angriff gegen:

Kinnspitze

Aushol- + Zwischenphase

Endphase

3. Doppelfaust auf Kaumuskulatur oder Kehlkopf (1 x)

Sangdan Ssan Kwon Sewo Chirugi in Chongul Sogi

Aushol- und Zwischenphase:

Kniestoß nach vorne, um den Gegner wegzudrängen; Ellbogen auf Schulterhöhe zurückgeführt (Anspannung der Rückenmuskulatur).

Endphase:

Keilförmiger Doppelfauststoß auf Kieferhöhe des Gegners; Arme leicht gebeugt

Angriff gegen:

Kaumuskulatur oder Kehlkopf

Aushol- + Zwischenphase

Endphase

4. Doppelfaust umgedreht (1 x)

Chungdan Ssang Kwon Tyjibo Chirugi in Chongul Sogi

Aushol- und Zwischenphase:

Hände sind am Gürtel zur Faust geschlossen (Handflächen zeigen nach unten); Ellbogen befinden sich hinter dem Körper; der rechte Schrittfuß ist genau neben dem Standbein in Dytpal Sogi postiert.

Endphase:

Der rechte Fuß macht einen Gleitschritt (ständiger Bodenkontakt) in Chongul Sogi; die Fäuste werden um 180° in den Gegner hineingedreht (d. h. relativ späte Drehung); der Oberkörper bleibt gerade; die Fäuste werden nach dem Kontakt ruckartig wieder etwas von der Trefferfläche zurückgezogen (Schockschlag).

Angriff gegen:

Unterbauch oder kurze Rippen

5. Faustrücken auf Schläfe (2 x)
Sangdan Dung Chumok Pandae Yop Taerigi in Hugul Sogi

6. Faust mit Angriffshöhe Nasenspitze (2 x)
Sangdan Pandae Chirugi in Chongul Sogi

Aushol- und Zwischenphase:

Ausholbewegung hinterm Ohr; Überkreuzhaltung schützt Hals und Solarplexus.

Endphase:

Gegenbewegung zum Gürtel erhöht die Schlagkraft (als Ellbogenstoß zurückgeführt, 3. Newtonsches Gesetz); Kopf oben; Gegner wird angeschaut; nur eine Schulter ist für den Gegner sichtbar; die andere Schulter wird regelrecht zurückgespannt; Schlagarm ist leicht abgewinkelt.

Endphase

Aushol- + Zwischenphase

7. Distanz-Faust mit Angriffshöhe Solarplexus (2 x)

Chungdan Pandae Chirugi in Hugul Sogi

1. Lange Faust: Gewichtverteilung 50 %

Schlagziel: kurze Rippen, Achselhöhle

8. Seitkick in Bauchhöhe (2 x)
Chungdan Yop Chagi

Aushol- und Zwischenphase:

Die Hände sind geschlossen und in Kampfstellung zum Gegner ausgerichtet. Das Kickbein ist seitlich eingedreht und das Knie (max. gebeugt, d. h. die Ferse berührt nach Möglichkeit das Gesäß) wird zunächst gegen die folgende Kickrichtung als Ausholbewegung zurückgeführt.

Endphase:

Kampfstellung wird beibehalten und der Oberkörper sollte möglichst senkrecht gehalten werden (dadurch kann der Gegner einen schwerer aus dem Gleichgewicht bringen und die Kickkraft bleibt stärker in Kickrichtung). Der Kickfuß ist quer und das sogenannte Fußschwert (Außenseite des Fußes) trifft den Gegner in den Bauch, den Solarplexus oder in die Rippen.

9. Faust 90° gebeugt (1 x)
Tollyo Chirugi in Moa Sogi

Aushol- und Zwischenphase:

Die Beine sind geschlossen. Die Schlagfaust befindet sich in Vorbereitung an der Hüfte. Der Schwungarm ist auf Schulterhöhe postiert mit 90° abgewinkeltem Ellbogen. Der Blick geht über die Schulter in Richtung Gegner. In der Zwischenphase wird das Gewicht auf die Fußballen verlagert.

Endphase:

Mit einer 90°-Drehung über die Fußballen gleitet man in die Angriffposition. Dabei wird der Schwungarm zur Hüfte zurückgeführt (3. Newtonsches Gesetz) und der Schlagarm auf Schulterhöhe postiert mit 90° abgewinkeltem Ellbogen.

Angriff gegen:

Hals, Solarplexus oder kurze Rippen

Befreiungstechniken

Block Hadan Innenseite nach unten nach Ausreißen (2 x)

Befreiungsphase:

Nachdem der Gegner dem Faustrückenschlag ausgewichen ist, hält der Gegner das Handgelenk fest. Zur Griffbefreiung dreht man zunächst blitzschnell den Arm so, dass der Daumen nach unten zeigt. Sofort im Anschluss wird der Arm in die entgegengesetzte Richtung gedreht. Durch das ruckartige Gegendrehen und das zwangsläufige Lockern des Griffs (Daumengrundgelenke des Gegners werden stark beansprucht), sowie die Verlagerung der Griffkraft des Gegners zur Handgelenksschmalseite des Akteurs, bringt ein darauffolgender schneller Zug schräg nach unten die Befreiung. Der Zug nach untern erhöht sich durch das Drehen der Hüfte nach Innen.

Endphase:

Die befreite Hand kann als Block nach unten bei einem potenziellen Tiefangriff verwendet werden. Dabei ist der Blockarm gedreht und gestreckt, das Gewicht hat sich von hinten (Dytpal Sogi) nach vorne (Chongul Sogi) verlagert.

Vorbereitung

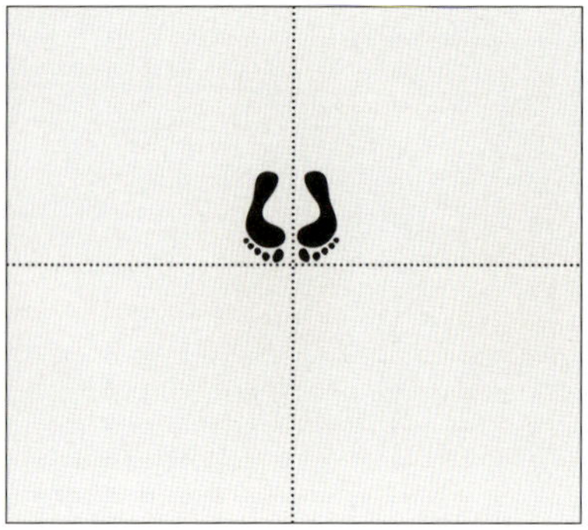

Zwischenbewegung

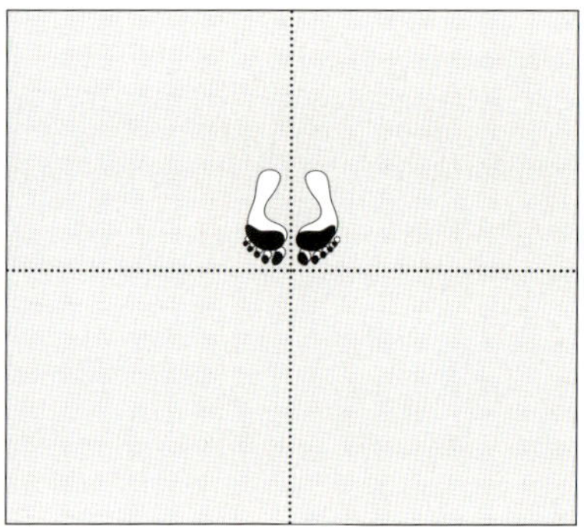

Ausgangsstellung

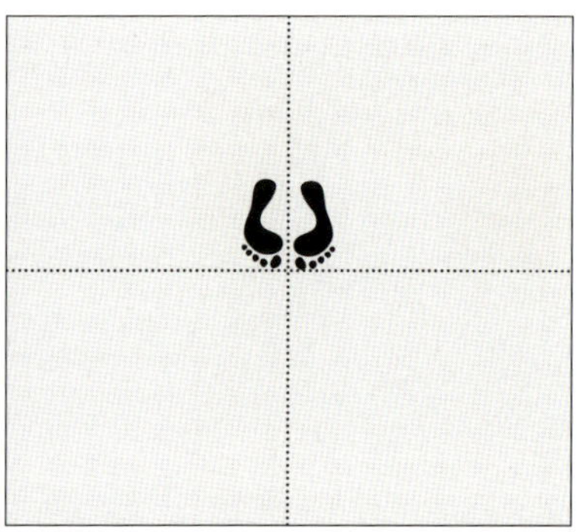

Zwischenbewegung

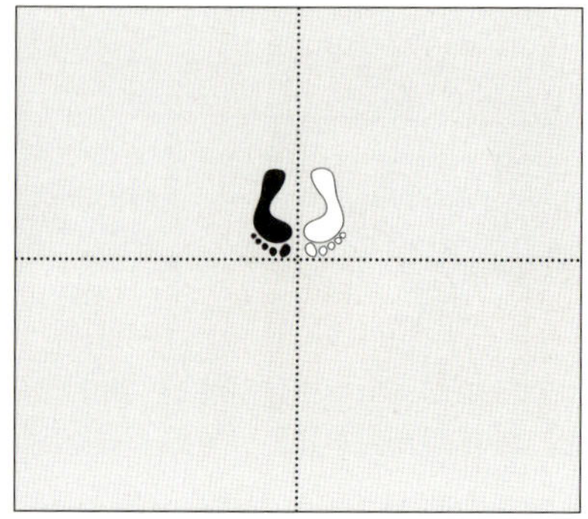

1. Bewegung

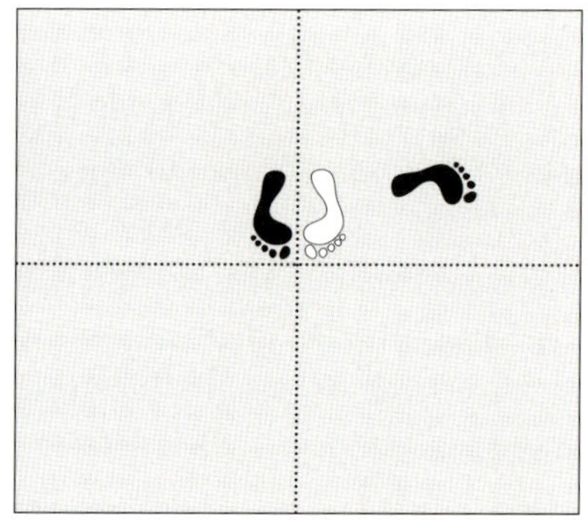

Zwischenbewegung

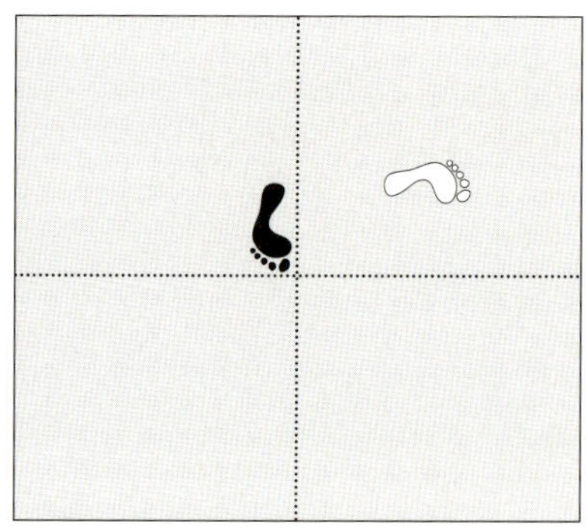

2. Bewegung

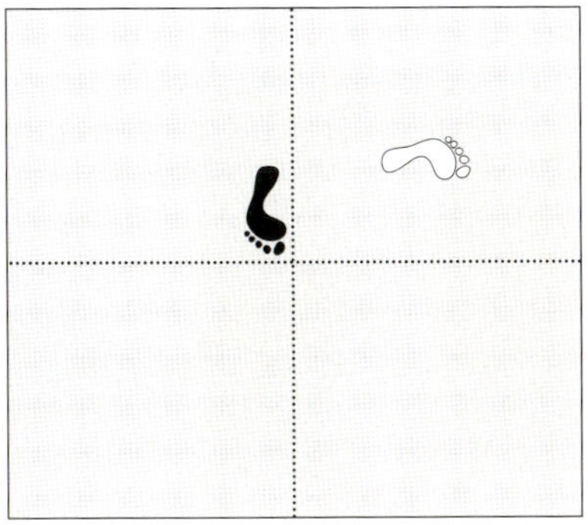

Zwischenbewegung

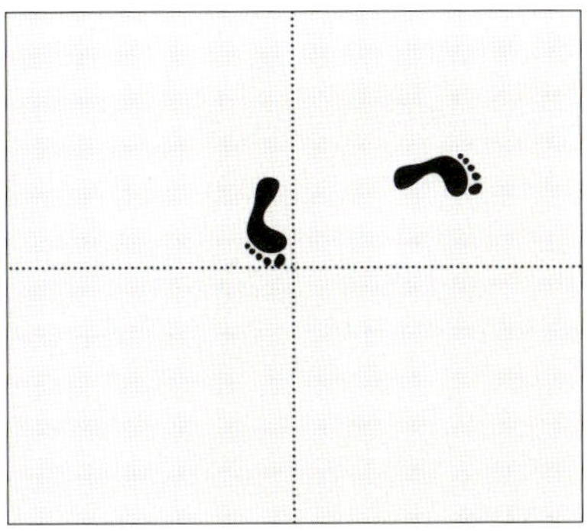

3. Bewegung

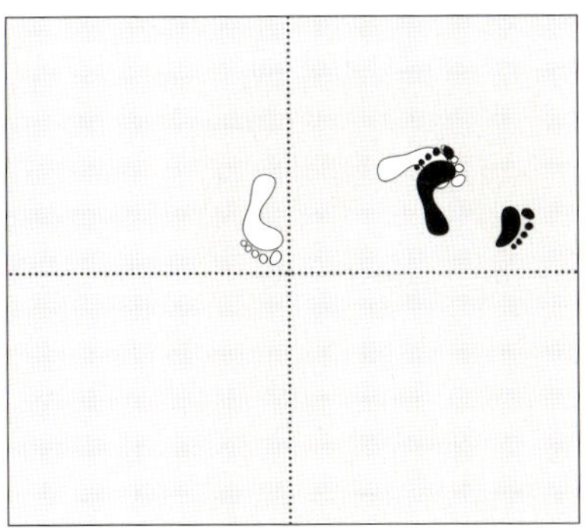

Zwischenbewegung

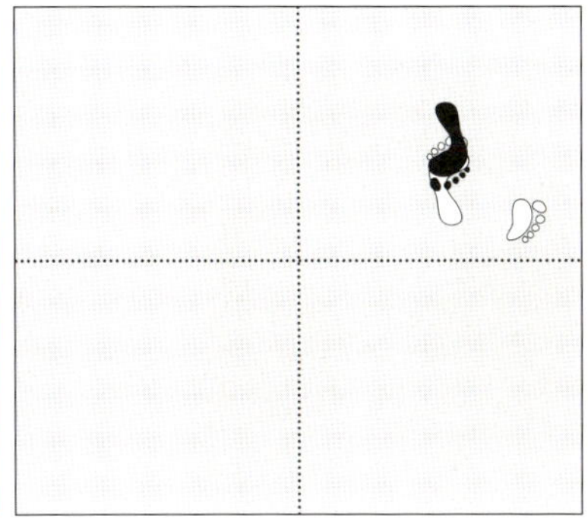

4. Bewegung

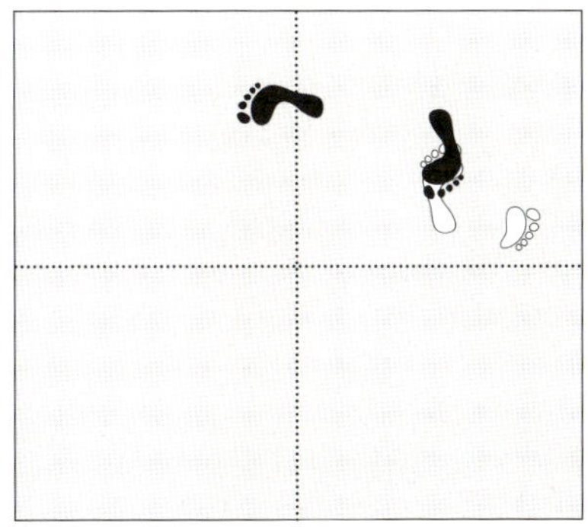

Zwischenbewegung

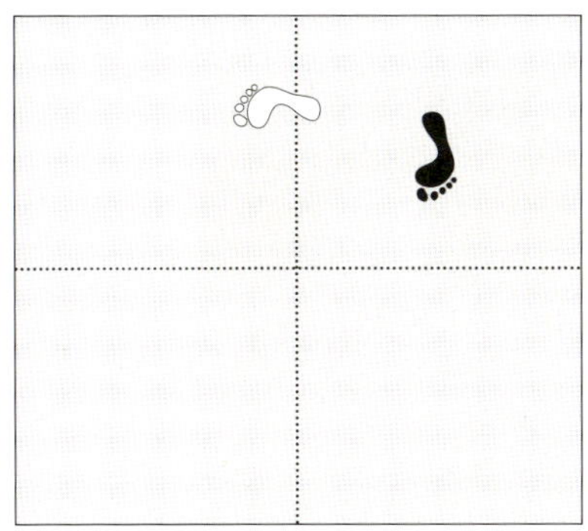

5. Bewegung

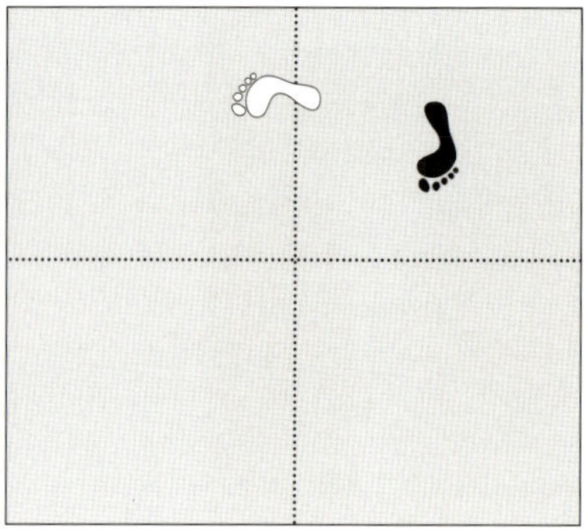

Zwischenbewegung

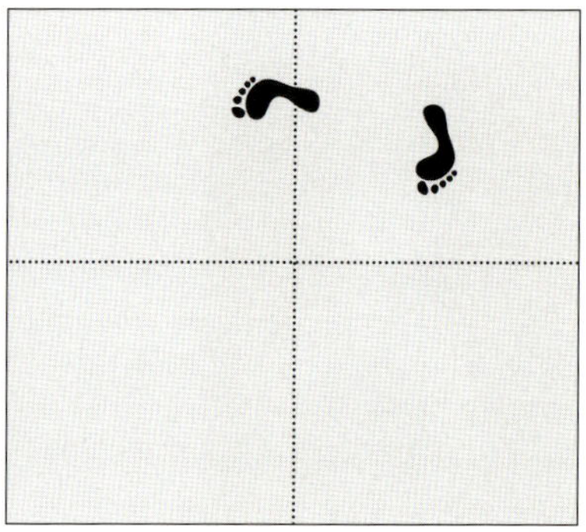

6. Bewegung

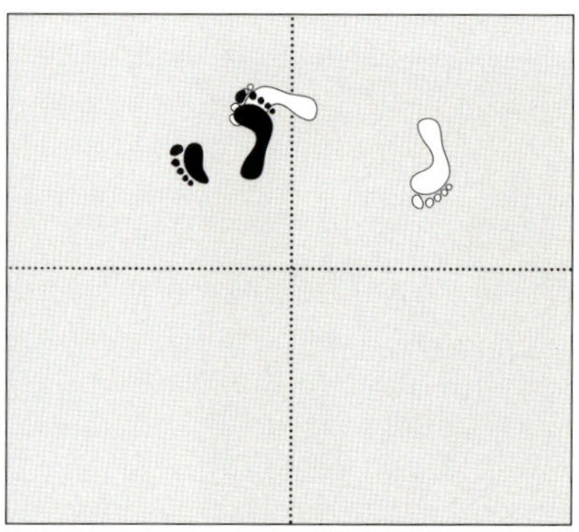

Zwischenbewegung

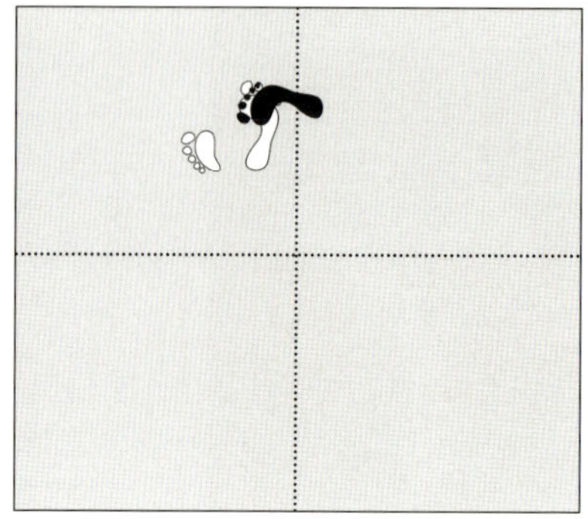

7. Bewegung

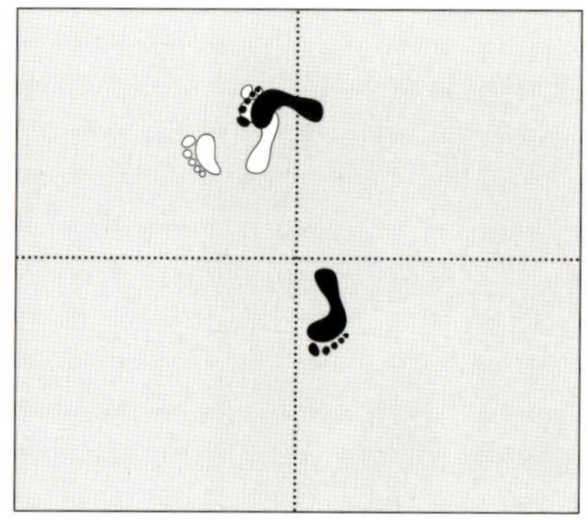

8. Bewegung

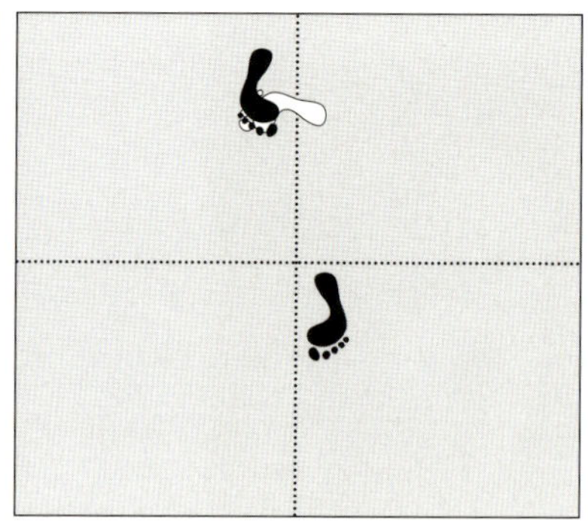

Zwischenbewegung

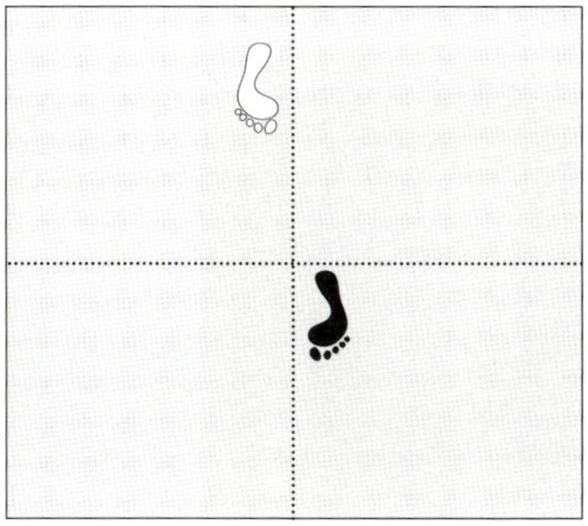

9. Bewegung

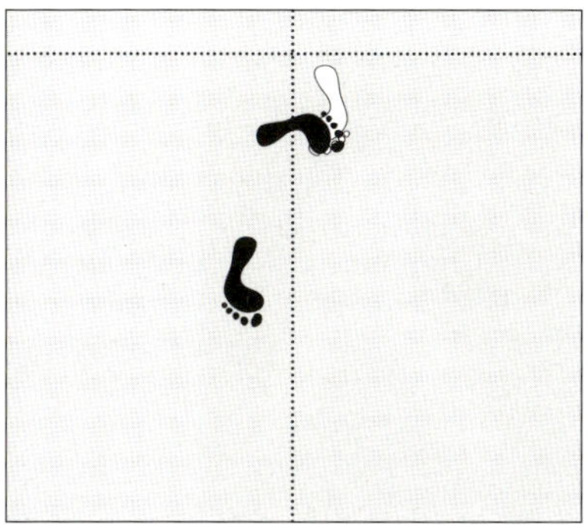

10. Bewegung

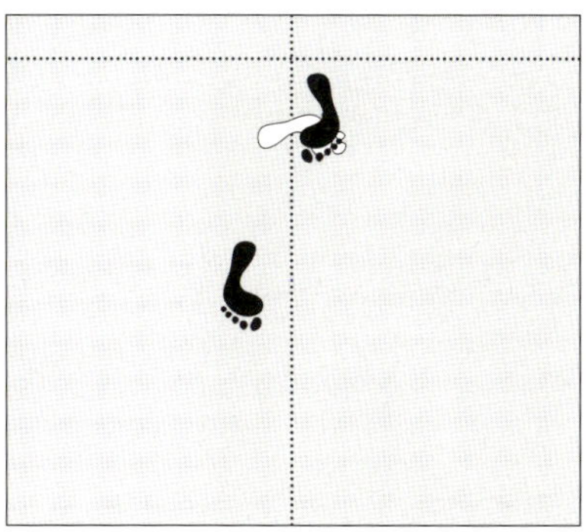

Zwischenbewegung

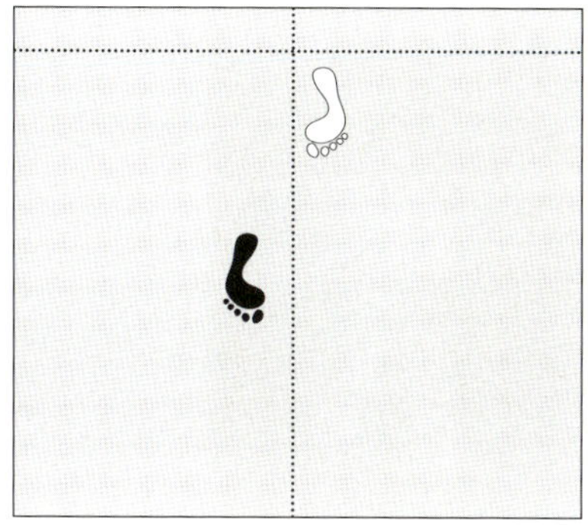

11. Bewegung

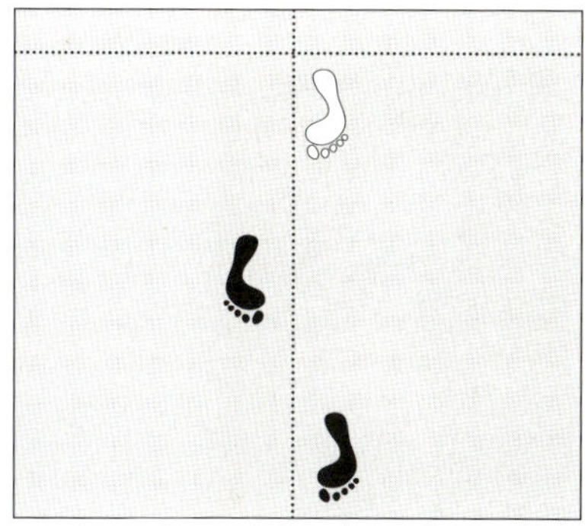

Zwischenbewegung

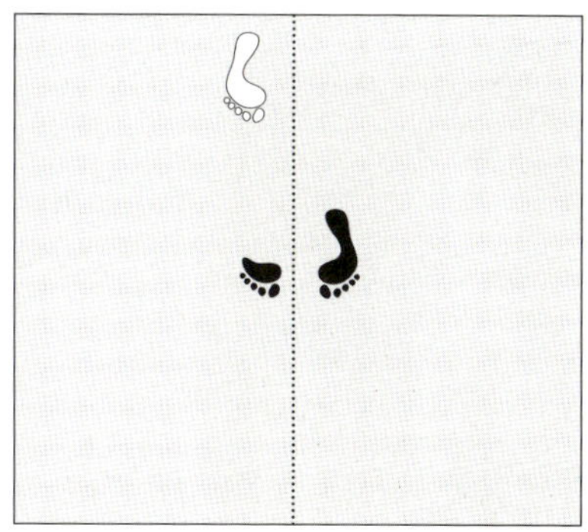

12. Bewegung

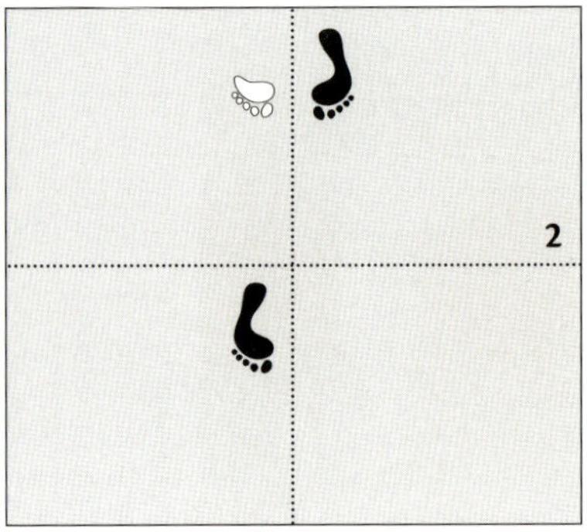

Zwischenbewegung

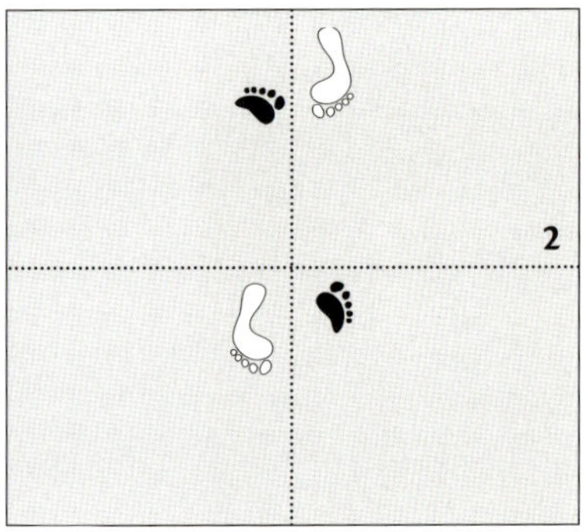

13. Bewegung

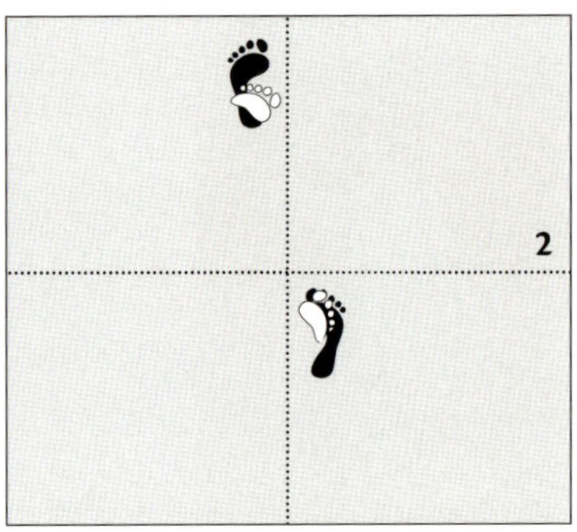

Zwischenbewegung

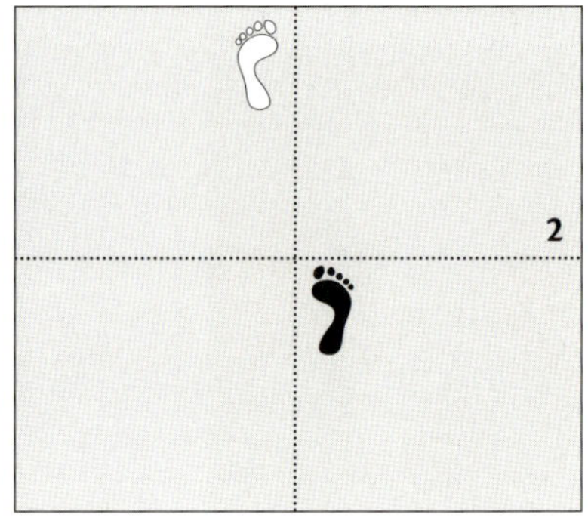

14. Bewegung

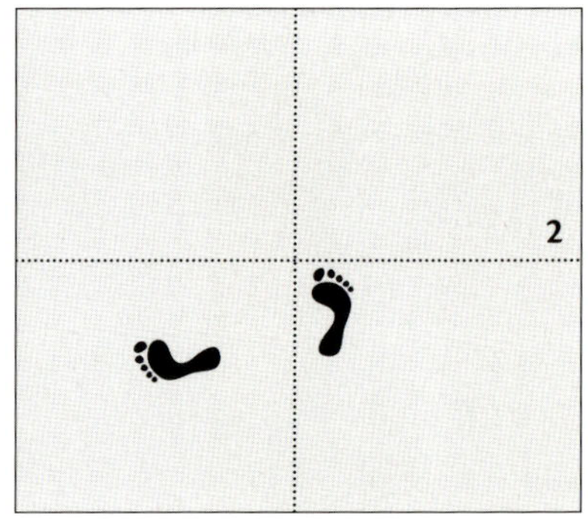

Zwischenbewegung 1

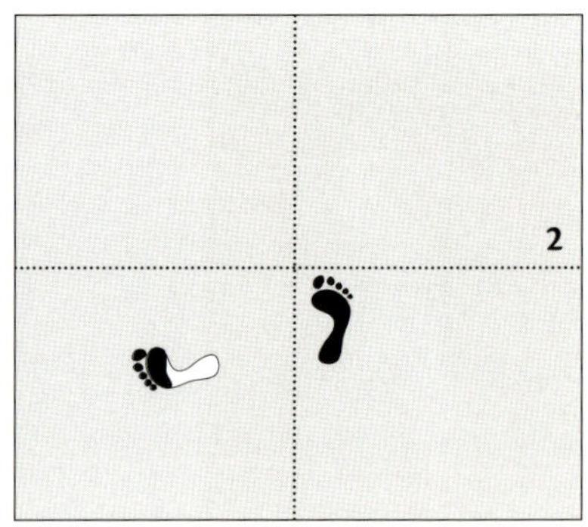

Zwischenbewegung 2

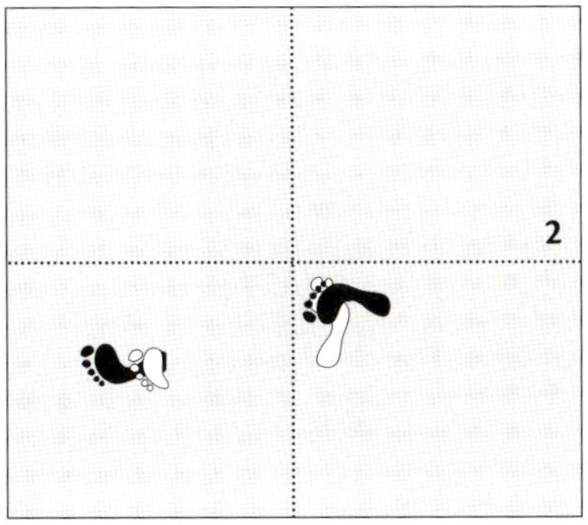

15. Bewegung

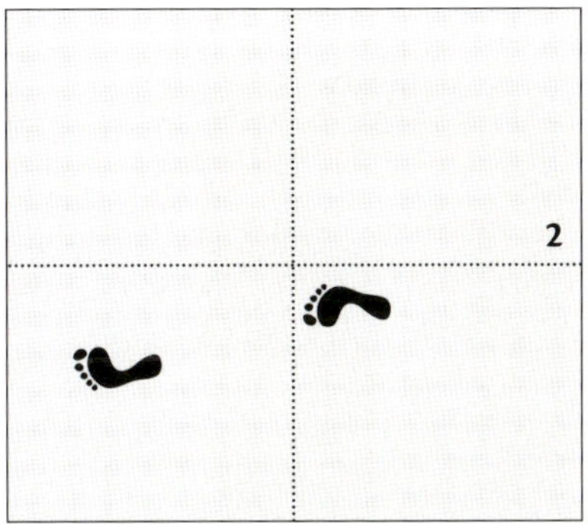

Zwischenbewegung 1

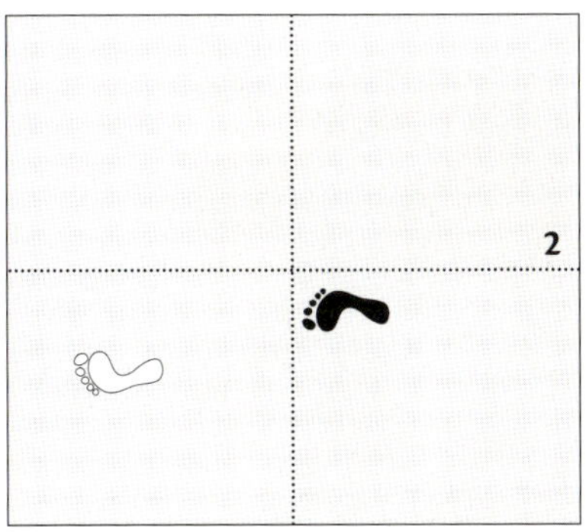

Zwischenbewegung 2

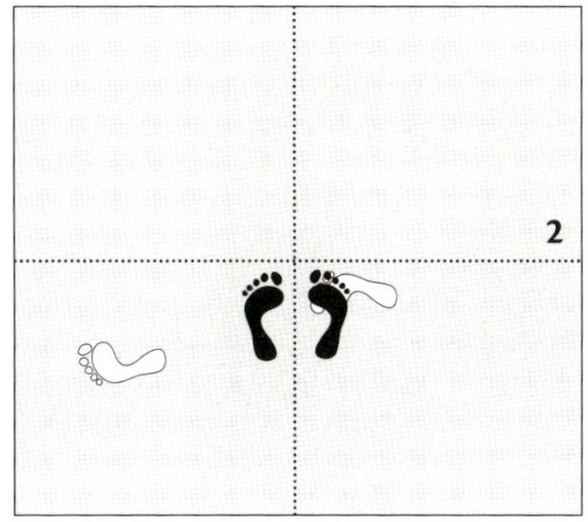

Zwischenbewegung 3

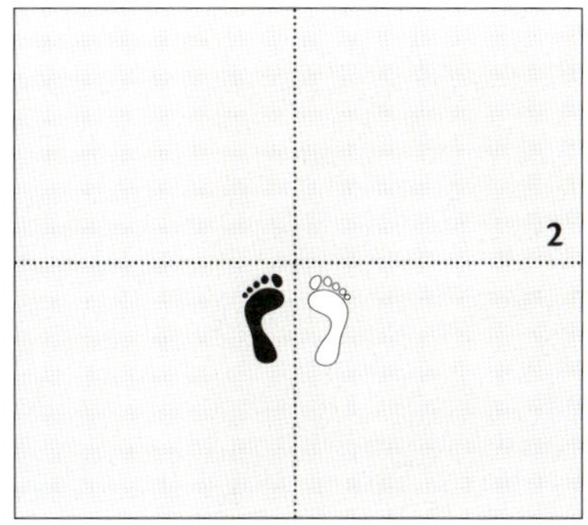

16. Bewegung

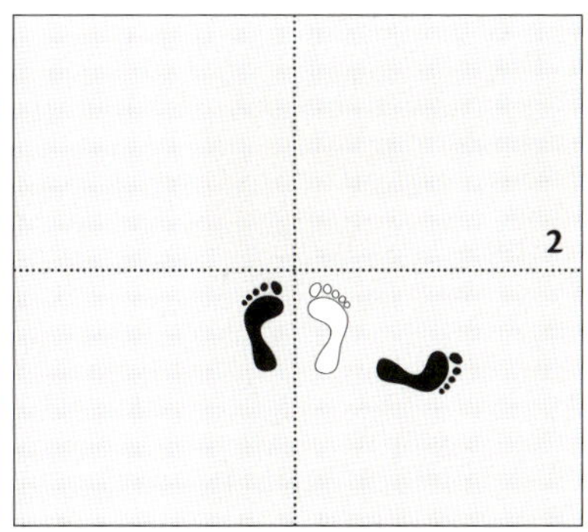

Zwischenbewegung 1

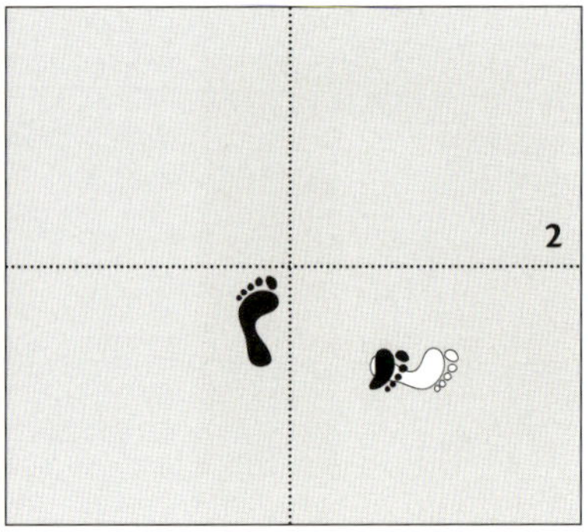

Zwischenbewegung 2

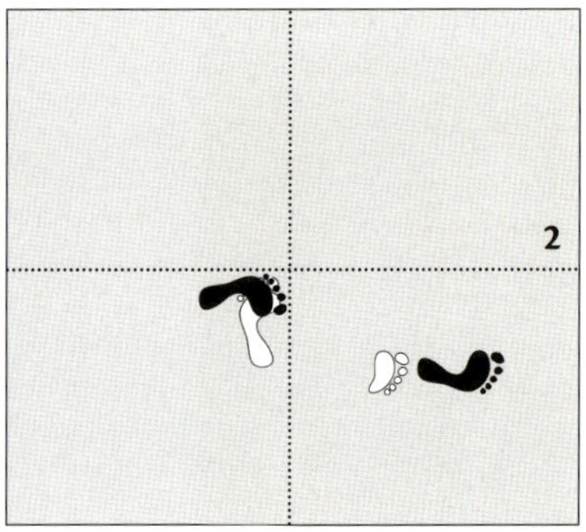

17. Bewegung

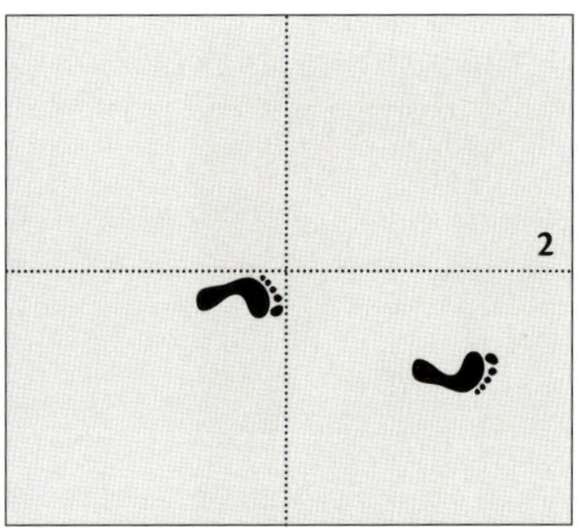

Zwischenbewegung 1

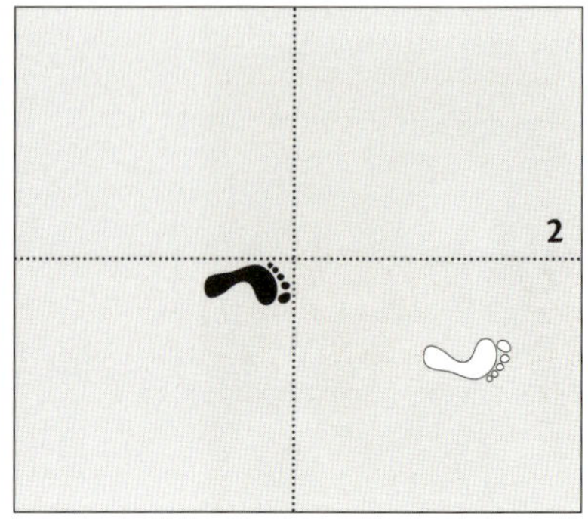

Zwischenbewegung 2

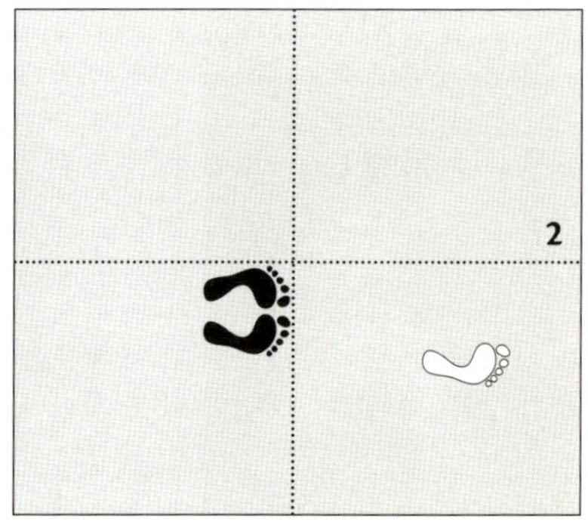

18. Bewegung

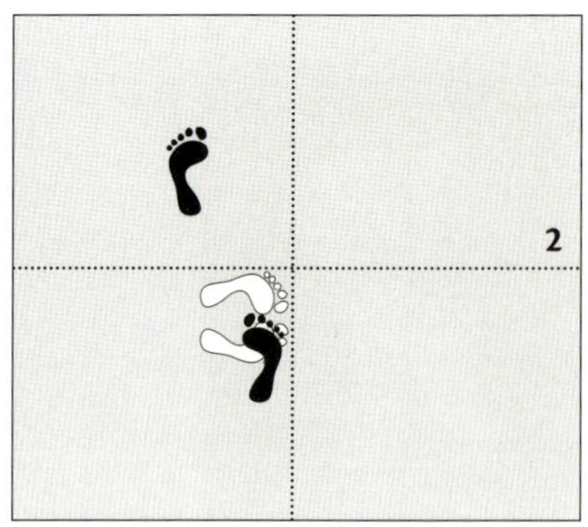

Zwischenbewegung

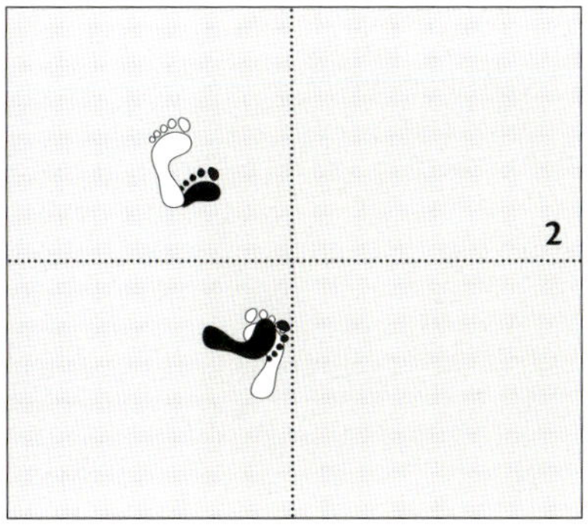

19. Bewegung

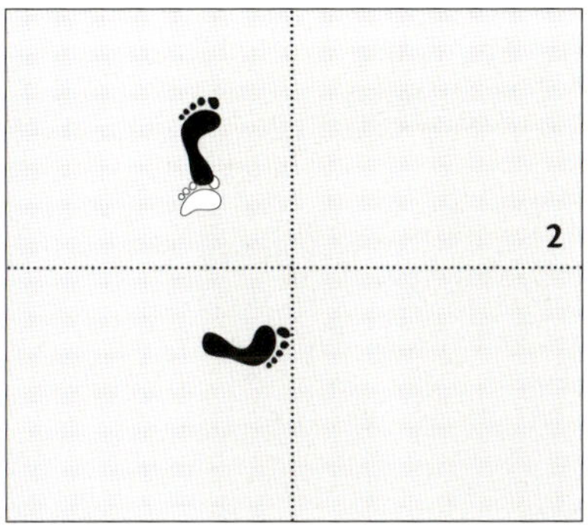

Zwischenbewegung

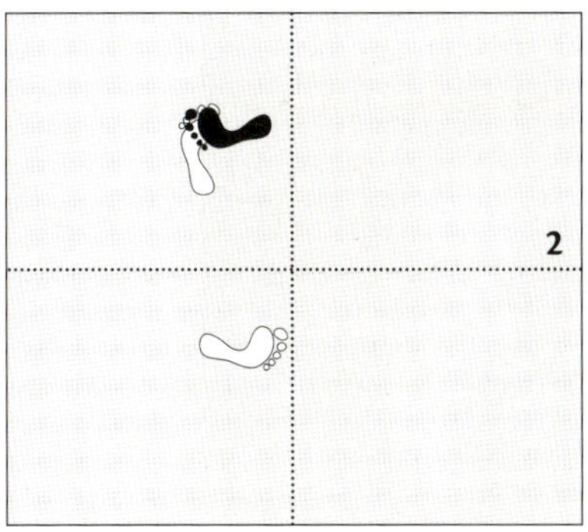

20. Bewegung

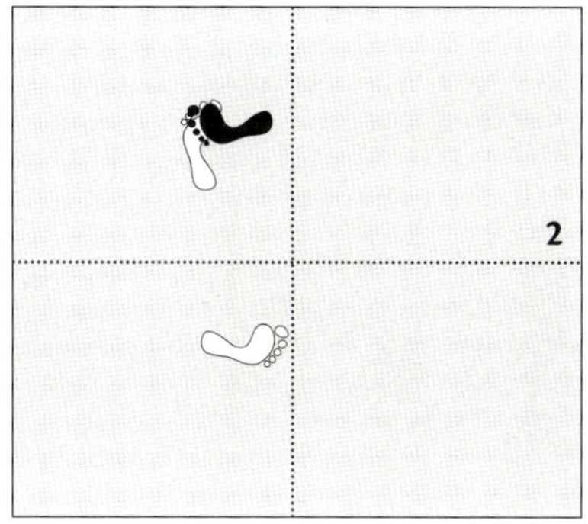

Zwischenbewegung

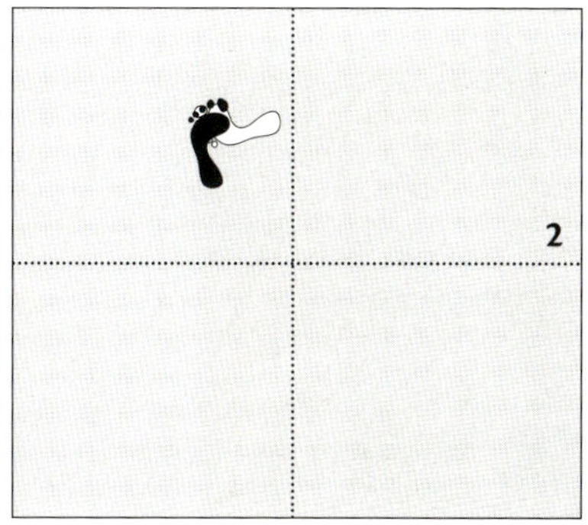

21. Bewegung

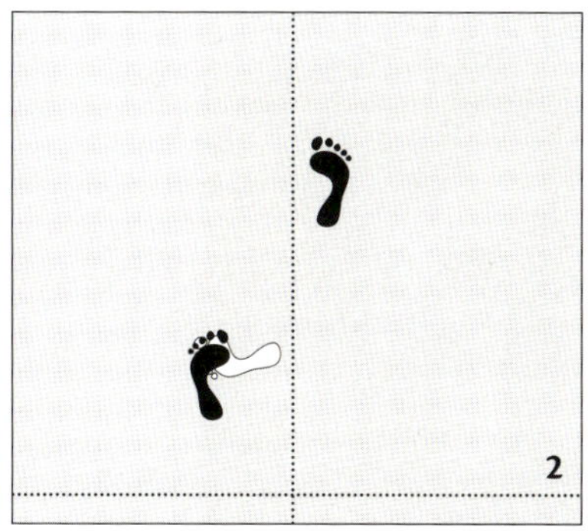

Zwischenbewegung

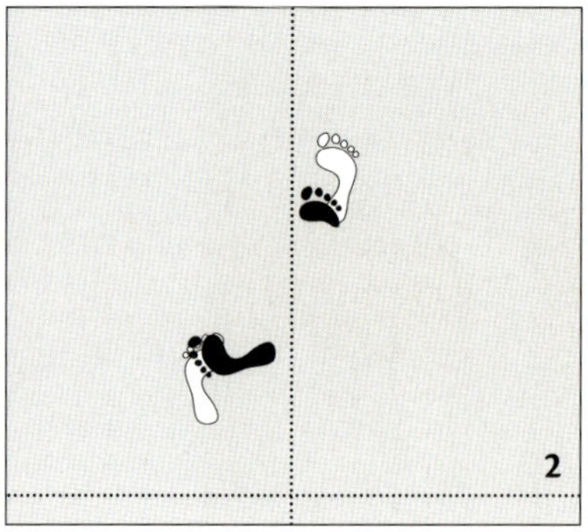

22. Bewegung

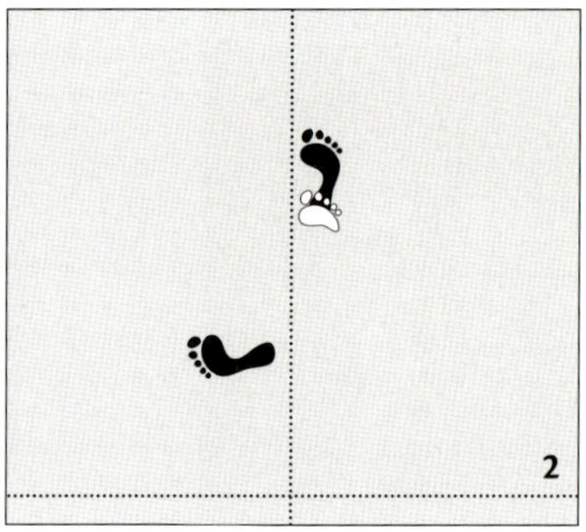

Zwischenbewegung

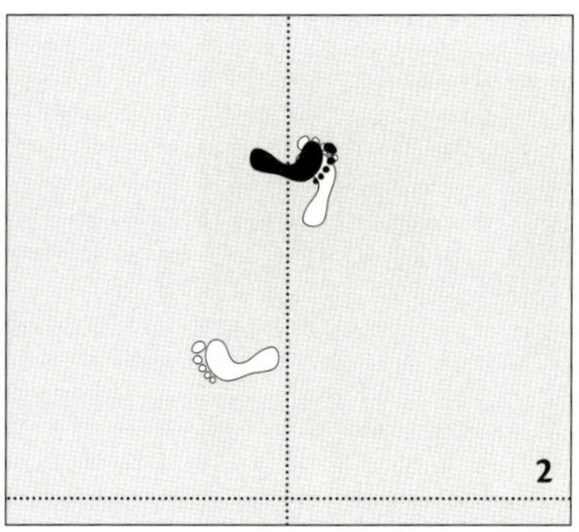

23. Bewegung

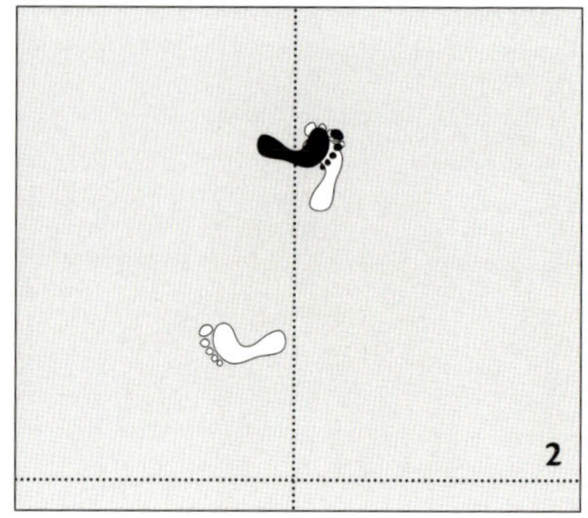

Zwischenbewegung

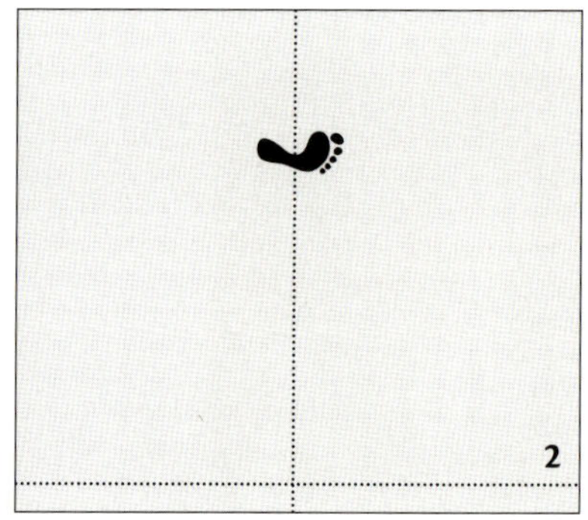

24. Bewegung

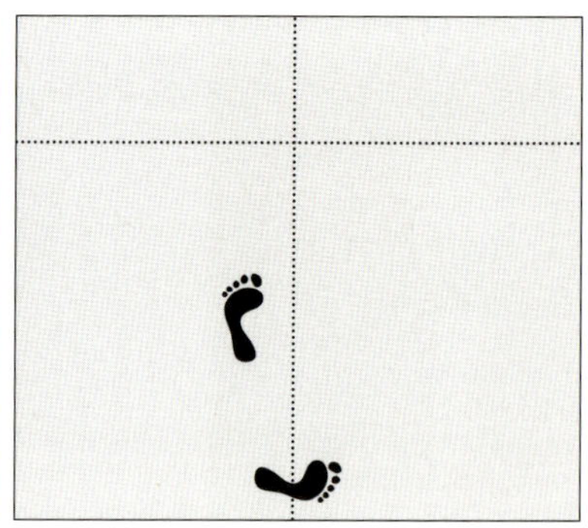

25. Bewegung

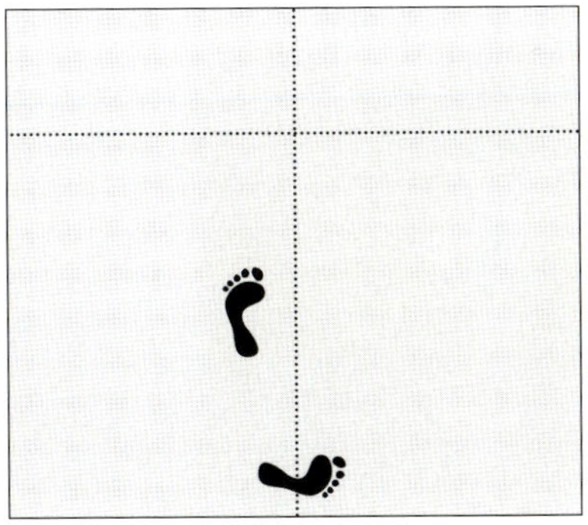

Zwischenbewegung

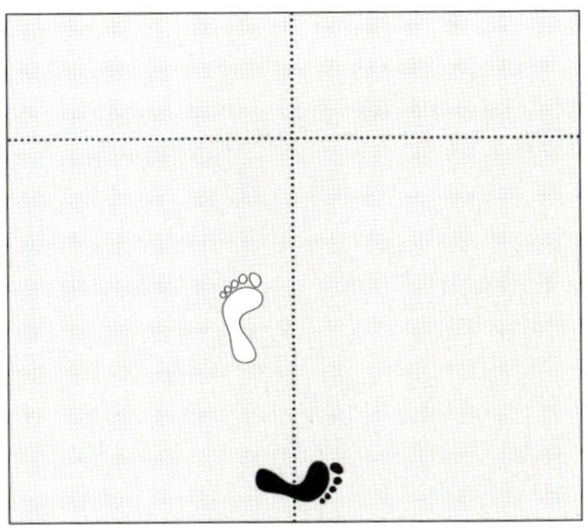

26. Bewegung

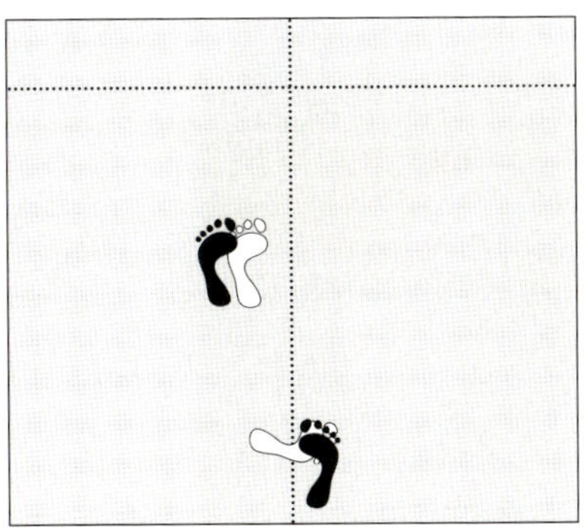

Zwischenbewegung

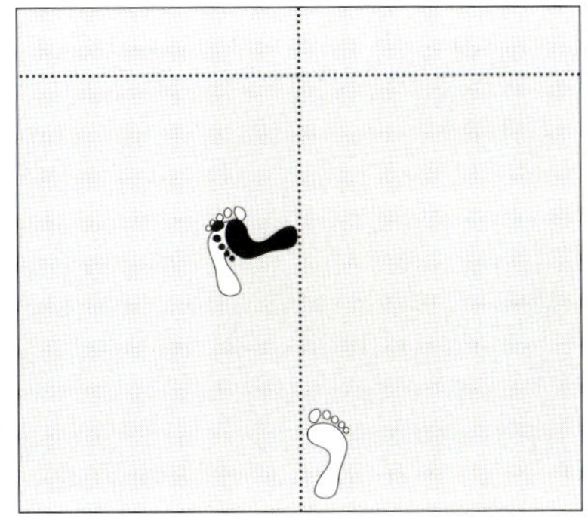

27. Bewegung

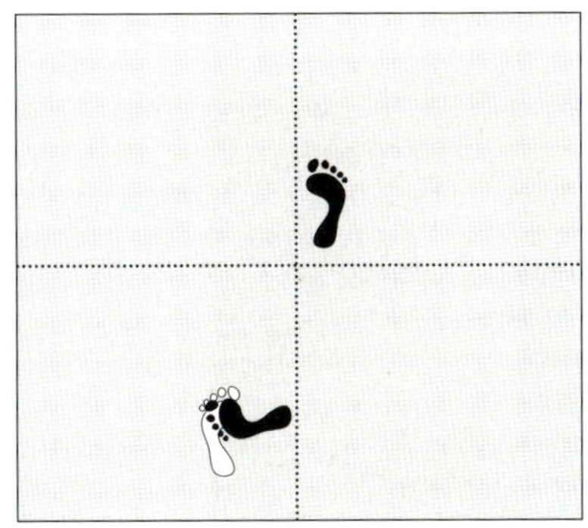

28. Bewegung

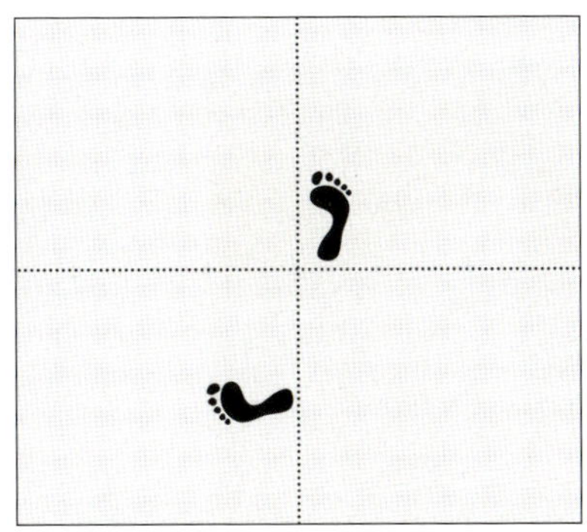

Zwischenbewegung

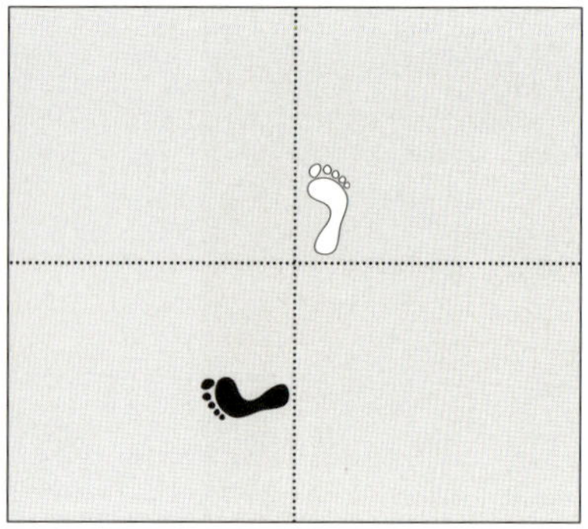

29. Bewegung

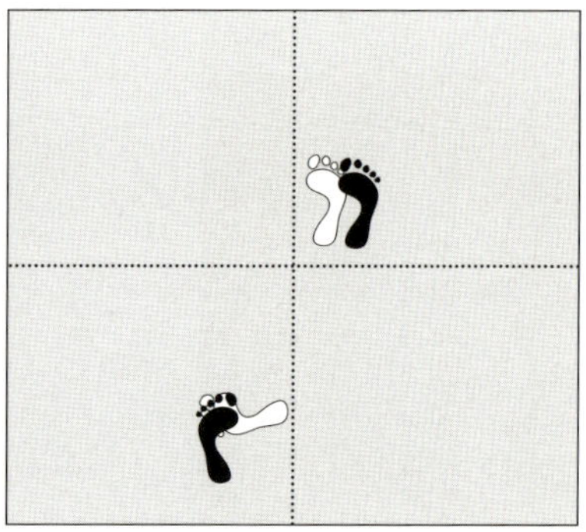

Zwischenbewegung 1

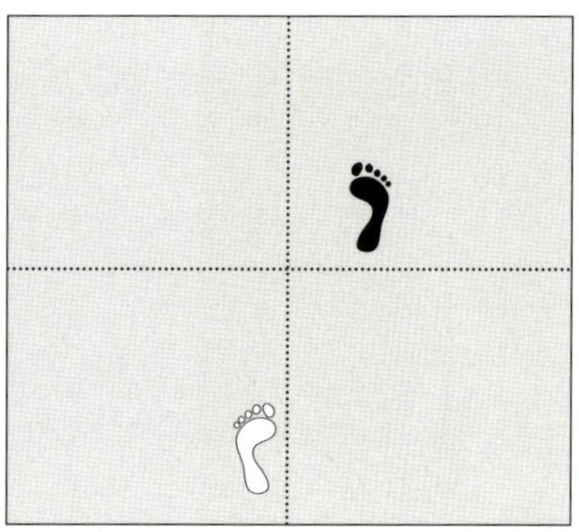

Zwischenbewegung 2

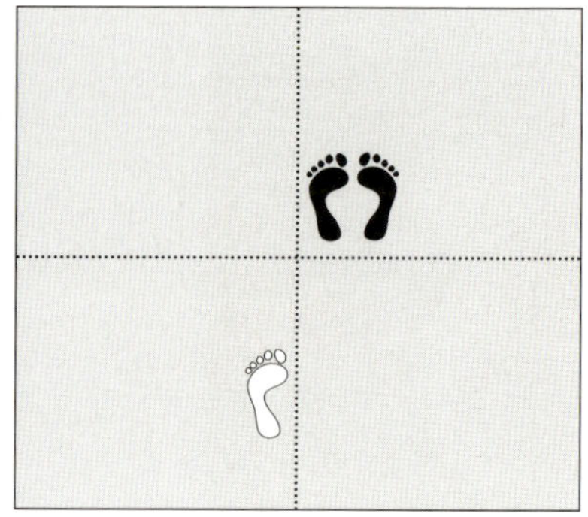

30. Bewegung

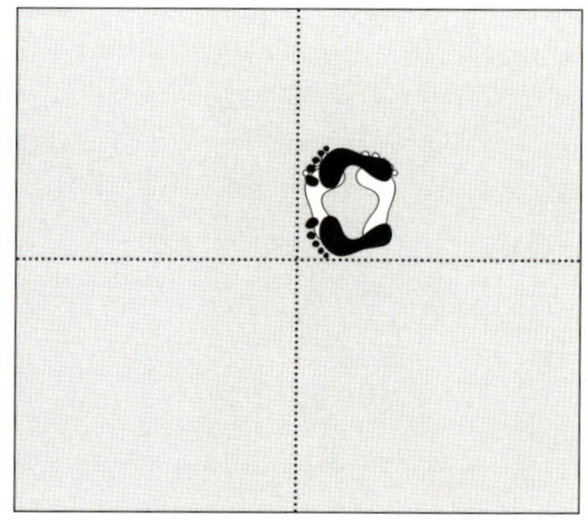

Zwischenbewegung 1

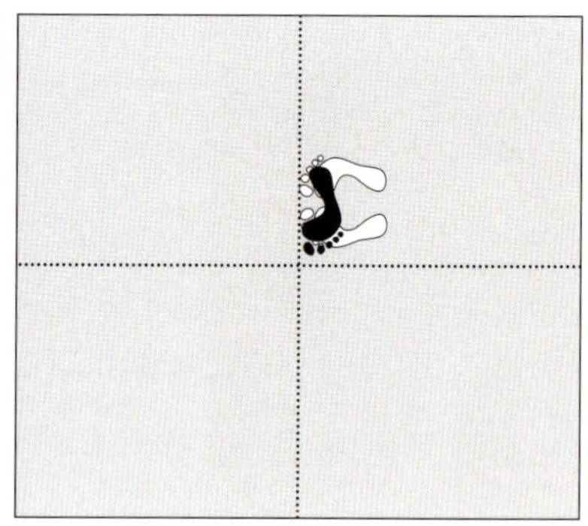

Zwischenbewegung 2

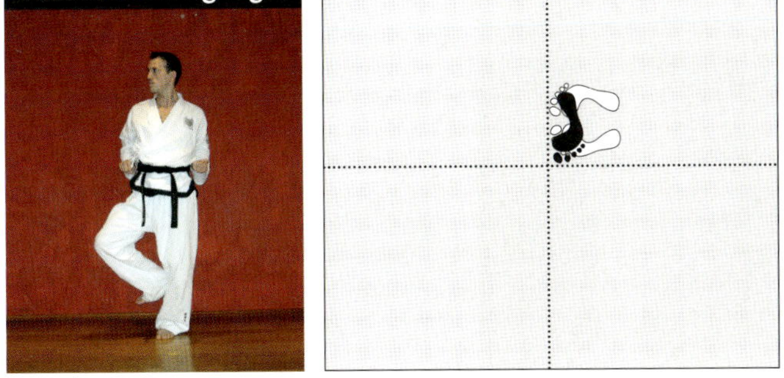

31. Bewegung

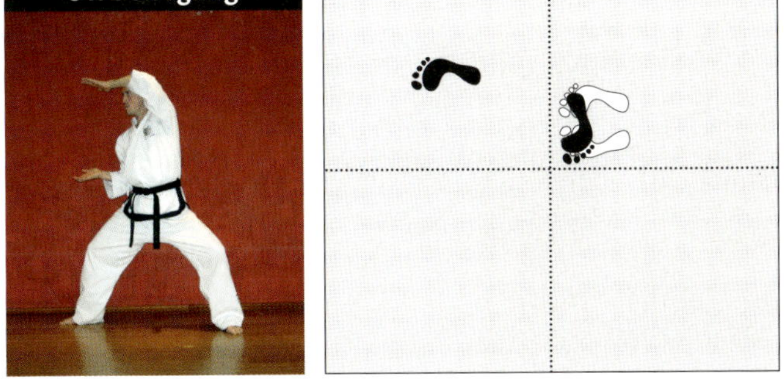

Zwischenbewegung 1

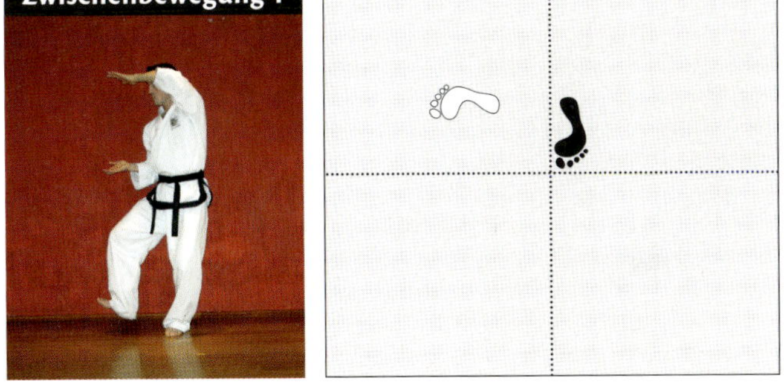

Zwischenbewegung 2

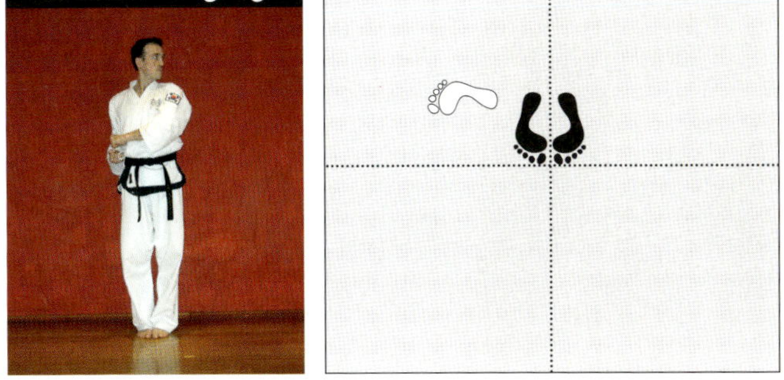

Zwischenbewegung 3

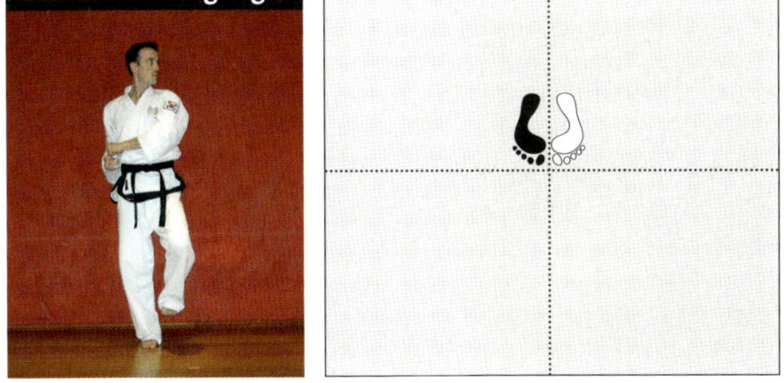

Zwischenbewegung 4

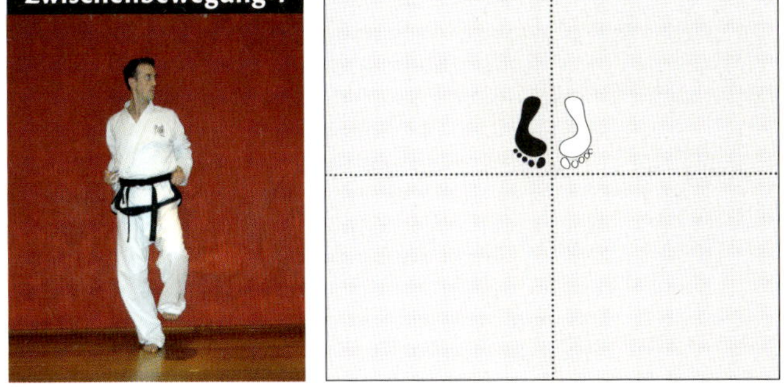

32. Bewegung

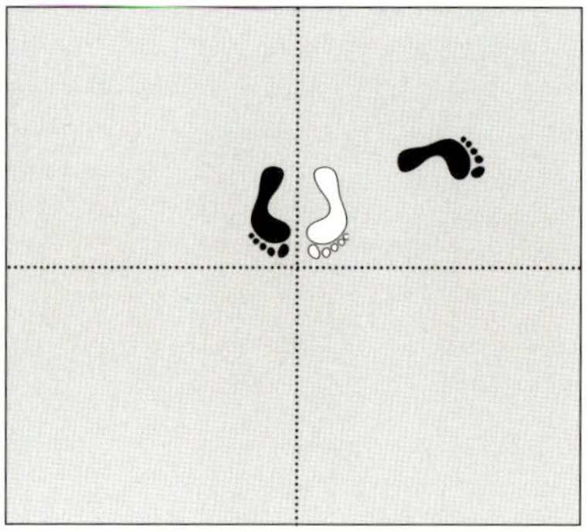

Endposition

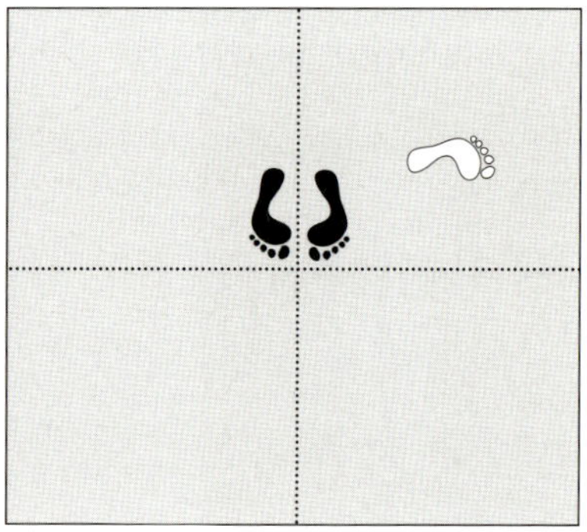

Ausgangsstellung

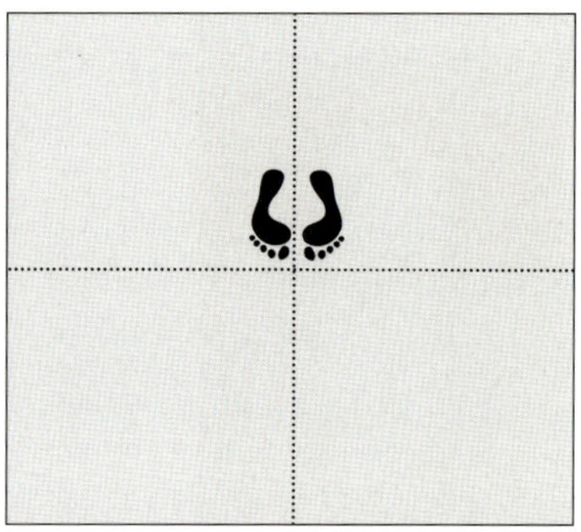

Endposition

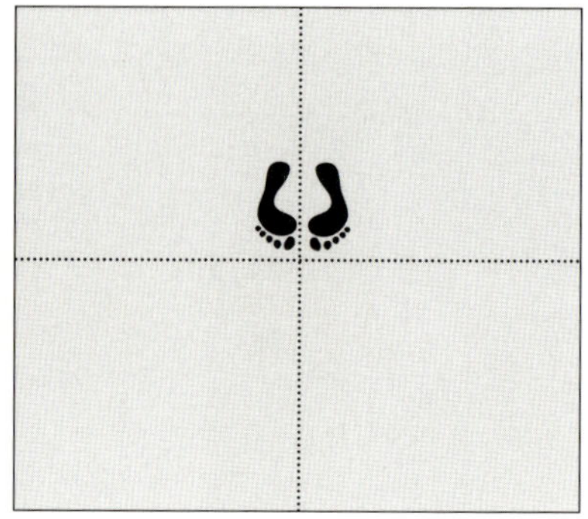

24. Bewegung

25. Bewegung

Zwischenphase

26. Bewegung

Zwischenphase

27. Bewegung

28. Bewegung

Zwischenphase

29. Bewegung

Zwischenphase 1

Zwischenphase 2

영웅태권도